LA LÉGISLATION

DE L'ENFANCE

CENT ANS DE LUTTE SOCIALE

LA LÉGISLATION

DE L'ENFANCE

1789-1894

PAR

Jacques BONZON

AVOCAT A LA COUR D'APPEL

PARIS

LIBRAIRIE GUILLAUMIN ET Cᵉ

Éditeurs du Journal des Économistes, de la Collection des principaux Économistes
du Dictionnaire de l'Économie politique,
du Dictionnaire du Commerce et de la Navigation.
RUE RICHELIEU, 14

1894

LA LÉGISLATION DE L'ENFANCE

1789-1894

PAR

Jacques BONZON

AVOCAT A LA COUR D'APPEL

PARIS

LIBRAIRIE GUILLAUMIN ET Cⁱᵉ

Éditeurs du Journal des Économistes, de la Collection des principaux Économistes
du Dictionnaire de l'Économie politique,
du Dictionnaire du Commerce et de la Navigation.

RUE RICHELIEU, 14

1894

A

Monsieur PAUL BEAUREGARD

PROFESSEUR

A LA FACULTÉ DE DROIT DE PARIS

Hommage reconnaissant de son ancien élève

Jacques BONZON

LA LÉGISLATION DE L'ENFANCE

1789-1894

CENT ANS DE LUTTE SOCIALE

—

LA LÉGISLATION DE L'ENFANCE

1789-1894

—

INTRODUCTION

I

Il y a cent ans, la société qui, durant plusieurs siècles, n'avait fait qu'évoluer lentement sur les mêmes bases et des principes constants, se modifiait brusquement. La lutte engagée depuis longtemps entre la monarchie absolue et les partisans des libertés constitutionnelles, copiées sur le système anglais, avait tourné à leur avantage. La société était tout entière transformée ou du moins on s'y efforçait. L'ancien régime disparaissait, accusé par ses vainqueurs de n'avoir rien accompli pour le bien public.

Aujourd'hui, si la société nouvelle n'a pas encore subi de transformation radicale, la situation est pourtant semblable. Le socialisme sous ses formes les plus diverses, accuse le tiers-état, arrivé au pouvoir, de n'avoir pas mieux agi que ses devanciers. La bourgeoisie, prise de peur, s'épuise en concessions inutiles. Si l'on ne peut être encore sûr de sa défaite, chacun sent bien que son omnipotence est passée, et que le système sur lequel l'ordre social s'était reposé depuis la Révolution se transforme : la liberté individuelle, poussée jusqu'à ses conséquences extrêmes, aboutit à l'écrasement de ceux qui sont trop faibles pour se défendre eux-mêmes. Il devient donc nécessaire d'y remédier sous quelque étiquette que ce soit.

Mais, dans l'intérêt même des perfectionnements désirés, il faut savoir si les reproches qu'on adresse, aujourd'hui comme il y a cent ans, au système qui nous régit sont justifiés. Si rien n'a été fait pour le bien-être et le perfectionnement de la nation, c'est un travail immense qui s'impose, et à son début une révolution. Au contraire, si quelque bien-être a déjà été réalisé, il ne s'agit que de le continuer, de joindre de nouvelles lois aux lois déjà existantes, et non de tout bouleverser. Du coup d'œil général que l'on jettera sur l'œuvre sociale de ce siècle, ressortira, ou la nécessité de tout changer, ou la reconnaissance pour le bien déjà accompli, et le désir d'en accomplir encore davantage.

Mais un coup d'œil général est bien ambitieux. Puis, à regarder les choses de trop haut, on risque le plus souvent de n'en emporter qu'une idée insuffisante et incomplète. La multiplicité des faits sociaux demande une étude attentive, un relevé patient des moindres détails, qui, réunis, jouent parfois un rôle plus considérable qu'un événement frappant, mais isolé. Il faut donc, pour apprécier sainement les progrès faits durant ce siècle, restreindre d'abord son étude à une partie seulement de la nation, à une partie qui se distingue nettement des autres.

C'est sans contredit l'enfant qui, au point de vue légal, a subi les plus grands changements. Pour l'homme, la loi ne songea guère qu'à lui donner la liberté politique, et regarda surtout en lui le citoyen. La femme demeura en somme dans la même dépendance qu'auparavant. L'enfant, au contraire, que ce soit dans la famille, à l'école ou à l'atelier, a été entouré de multiples protections. Les efforts du législateur sur ce point, comme sur tant d'autres, peuvent être infructueux, ils n'en sont pas moins indéniables. Le besoin de réglementer soigneusement la situation de l'enfant est facile à comprendre, sans avoir besoin de répéter cette vérité un peu naïve, que l'enfant est l'avenir de la patrie. En un siècle, les lois se sont multipliées pour le protéger, la bienfaisance privée s'est efforcée d'aider le législateur. Les efforts tentés en ce sens sont connus dans leurs grandes lignes. Mais une connaissance complète, même dans ses grands traits, de la législation relative à l'enfance, est rare. Et cependant, à côté de l'intérêt en quelque sorte politique exposé plus haut, que pourrait présenter une semblable étude, se trouve un intérêt plus modeste, mais plus immédiat. Je songe à tous ceux qui s'intéressent à l'enfant, qui lui viennent en aide dans ces nombreuses sociétés de patronages, asiles ou orphelinats, à ceux qui veulent que l'instruction soit toujours plus répandue et que le travail industriel fasse moins de jeunes victimes. Ceux-là ont besoin de connaître les droits que leur donne la loi pour protéger l'enfant et aussi les justes prohibitions qu'elle leur édicte.

Or souvent cette connaissance si nécessaire, ils en sont dépourvus. C'est ainsi par exemple que des sociétés de patronage croient pouvoir interdire aux parents, même indignes, de reprendre les enfants qu'elles ont recueillis, parce qu'ils ont d'abord consenti à la perte de leurs droits paternels.

C'est ainsi encore qu'on n'ose souvent protester contre l'emploi de trop jeunes ouvriers dans l'industrie, car la liberté du travail, même à cet âge, semble sans restriction.

Je me propose donc de réunir les dispositions législatives éparses qui ont trait aux enfants, de faire voir les progrès réalisés et, en même temps, ceux que l'on attend encore. Je désire indiquer le chemin parcouru depuis un siècle, le point où nous en sommes aujourd'hui et le chemin qui nous reste à faire, non pour atteindre l'idéal, le bien n'a pas d'arrêt, mais au moins pour répondre aux nécessités les plus pressantes.

Il faut auparavant discerner nettement ce qu'est l'enfance, à quel âge elle s'arrête. Ce n'est pas le lieu de faire de la psychologie. Je ne me demande pas à quel moment, au point de vue intellectuel, l'enfant fait place à l'adolescent ou à l'homme. Je ne cherche pas les traits caractéristiques de l'enfant. Etudiant la loi, c'est à la loi que je dois demander jusqu'à quel âge elle estime l'être humain incapable de vivre sans protection spéciale. Pour la loi, l'enfant est l'être qui incapable encore de diriger librement ses actions, ne doit pas en avoir le droit, c'est l'homme en formation. A l'homme seul appartient entièrement la personnalité, cette fiction sociale. Nos lois ne sont pas toujours d'accord pour fixer l'âge où cesse l'enfance. Tandis que la loi du 2 novembre 1892 élève jusqu'à dix-huit ans l'époque où l'enfant ne peut fournir un travail illimité dans l'industrie, l'assistance publique abandonne à douze ans ses pupilles. Cependant une limite moyenne a été établie. C'est à seize ans que la loi pénale estime l'homme absolument responsable. C'est à seize ans que l'enfant peut être émancipé, qu'il peut gérer sa fortune lui-même. Jusqu'à seize ans encore, nul ne peut être employé dans les professions ambulantes. Nous pouvons donc fixer à la seizième année la limite, au point de vue légal, de l'enfance.

Mais, pendant sa durée, des faits multiples appellent l'attention de la loi. L'enfance, cette période où, en quelques années, l'être humain doit acquérir les ressources qu'il ne fera plus, à l'âge d'homme, que mettre en œuvre, comprend des besoins divers. Tout est à créer chez l'enfant, l'être moral comme l'être intellectuel ou physique. Suivre l'enfant dans son développement chronologique serait ôter toute clarté à cette étude. Tel besoin peut n'exister qu'à un certain moment de l'enfance, comme la protection du nourrisson, tel autre jusqu'au dernier jour, ainsi la protection morale. Je ferai des catégories distinctes. J'étudierai d'abord tout ce qui regarde le bier être physique et moral de l'enfant et à qui est confiée son éducation ; puis ses besoins intellectuels et enfin sa situation à l'heure où il peut échanger son travail contre un salaire. En un mot, j'étudierai la Famille, l'Ecole, l'Atelier.

Ce champ est vaste. Il serait infini si l'on voulait y faire rentrer les efforts individuels, Le dénombrement de 1886 portait à près de 11,000,000 le nombre des enfants ayant moins de seize ans. Ce que je veux seulement, c'est montrer les règles que la loi a posées, les résultats qui ont été ainsi obtenus. L'œuvre de la bienfaisance privée, sociétés protectrices, fondations, enseignement libre, quoique si intéressante, doit forcément rester hors de ce cadre. Le but que je me trace est déjà assez difficile à atteindre.

Les limites de ce travail ainsi définies, il faut montrer avant d'entrer dans le vif du sujet qu'elle était la situation légale de l'enfance à la fin de l'ancien régime.

II

L'Enfance en 1789.

Aucune disposition d'une importance générale ne fut prise durant toute la royauté au sujet de l'enfant. Nous ne voyons pas d'ordonnance fixer des règles générales sur l'instruction on sur la criminalité infantile, par exemple. Les rois, dans tout ce qui touche à la protection des sujets, agissent plus volontiers par actes particuliers, spéciaux à telle ville ou à telle classe de protégés. Cependant des mesures nombreuses avaient été prises en faveur de l'enfant. La plupart datent du XVIIme siècle et continuèrent d'être appliquées sans changement notable jusqu'à la Révolution.

Le nouveau-né n'était guère protégé que contre les crimes par lesquels on peut chercher à le faire disparaître. Aucune mesure protectrice n'était prise en faveur de la femme enceinte. Les femmes pauvres pouvaient aller faire leurs couches dans les hôpitaux. A l'Hôtel-Dieu, treize salles leur étaient affectées. Mais les hôpitaux étaient alors des lieux d'infection. Les procédés employés lors de leur création, au XVIme et au XVIIme siècles, et qui au début étaient en rapport avec les habitudes générales d'hygiène étaient restés en vigueur et de l'avis de tous devenaient insuffisants.

Tenon, en 1788, dans son rapport au roi sur les hôpitaux de Paris, Larochefoucauld-Liancourt, en 1790, dans le rapport du comité de mendicité nommé par l'Assemblée Nationale pour préparer une législation de la bienfaisance publique, montrent également les défauts de l'hospitalisation. Les malades étaient entassés dans d'immenses lits qui contenaient quatre et parfois six malades à la fois. A l'Hôtel-Dieu, le treizième des accouchées mourait.

Aussi en 1785, sous la protection de Marie-Antoinette, des femmes charitables fondèrent à Paris la première *Société de Charité Maternelle*, pour secourir les femmes légitimes enceintes sans ressources et leur permettre de ne pas aller accoucher à l'hôpital. Ces sociétés devaient prendre plus tard une assez grande importance.

Il semble qu'autrefois les crimes contre les nouveaux nés aient été nombreux, du moins à voir les peines sévères qu'ils provoquaient. L'édit de février 1556, où Henri II déclarait que « toute femme qui se trouvera duement atteinte et convaincue d'avoir celé, couvert et occulté, tant sa grossesse que son enfantement, sans avoir déclaré l'un ou l'autre, et avoir pris témoignage suffisant de la vie ou de la mort de son enfant lors de l'issue de son ventre, et après se trouve l'enfant avoir été privé tant du saint sacrement de baptême que de sépulture publique et accoutumée, soit telle femme tenue et réputée avoir homicidé son enfant, et pour réparation punie de mort et dernier supplice et de telle

rigueur que la qualité particulière du cas le méritera. »
Cet édit subsista jusqu'en 1789.

Les filles et les veuves qui devenaient grosses devaient
le déclarer au greffe du bailliage du lieu de leur domicile ou au procureur du roi. Les curés devaient tous les
trois mois relire l'édit de 1556 aux prônes.

Mais ces prescriptions n'ont jamais dû arrêter beaucoup les infanticides. Vers 1789, elles étaient tombées
du reste en désuétude. Nous trouvons cependant que
le 16 mars 1731, la nommée Françoise Roche fut con-
damnée à être pendue « pour avoir célé sa grossesse
et son enfantement et avoir homicidé et suffoqué son
enfant. »

La peine de mort punissait aussi l'avortement. Le
fouet et la flétrissure châtiaient ceux qui avaient
exposé un enfant dans un lieu solitaire. Les sages-
femmes surtout, alors comme aujourd'hui, s'enten-
daient à faire disparaître les nouveau-nés.

Un mal infiniment plus grand provenait de l'habitude déjà si française de mettre les enfants en nourrice, ce moyen commode de se débarrasser d'une pro-
géniture qu'on n'a pu éviter. Depuis de longues années,
le gouvernement s'en était préoccupé et les principes
qui constituent aujourd'hui la réglementation de l'industrie nourricière se retrouvent déjà au siècle dernier.

En 1781, on réunit même sous le titre de *Code des
nourrices* les dispositions multiples qui les concernaient, déclarations du roi, arrêts du parlement,
ordonnances et sentences de police.

De nombreux intermédiaires entre le public et les

nourrices exploitaient en effet ces dernières. Des *meneurs* ou *meneuses* allaient les raccoler en province et les mettaient en rapport avec les bureaux de placement ou de *recommandaresses* qui leur fournissaient des enfants. Ces bureaux existaient dans de nombreuses villes. Le salaire moyen d'une nourrice était de huit livres par mois sur lequel le meneur prélevait au moins le vingtième et la recommandaresse le plus qu'elle pouvait. Les enfants confiés aux nourrices étaient entassés dant des charrettes et emmenés à des distances parfois très grandes. Souvent enfin, malgré que la contrainte par corps fût prononcée pour non paiement des salaires de nourrice, celle-ci ne pouvait rentrer dans son dû et laissait dépérir l'enfant. Au début de la Révolution, l'Assemblée législative dut voter près de quatre cent mille livres pour tirer de prison les pères de famille incapables de solder les mois de nourrice.

Le Gouvernement surveilla donc de bonne heure cette industrie. Déjà en 1615, des lettres patentes de Louis XIII avaient limité à quatre, pour Paris, les bureaux privilégiés. Les nourrices devaient se munir d'un certificat du curé de leur paroisse prouvant leur moralité. Les recommandaresses étaient astreintes à tenir des registres parafés par des agents de la police.

Peu à peu, durant le xviiie siècle, ces règles furent perfectionnées. Les déclarations royales du 29 janvier 1715, du 1er mars 1737, du 9 mai 1749 en augmentèrent la sévérité. La nourrice ne pouvait nourrir deux enfants à la fois, elle ne pouvait se louer avant que son propre enfant eût au moins sept mois. Elle devait donner aux parents des nouvelles du nourisson. Quant à la recommandaresse, on lui ordonnait d'inscrire le nom de l'enfant sur son registre et de remettre à la nourrice un certificat, visé par le commissaire, qui prouvait son droit à allaiter l'enfant. Enfin les meneurs eux-mêmes avaient besoin, pour exercer leur industrie, d'une attestation de moralité donnée par leur curé.

Ces règles étaient excellentes. Elles restèrent inefficaces. Ce qui, du moins, le ferait croire, c'est la transformation absolue que reçut ce système, pour Paris seul il est vrai, par la déclaration du 24 juillet 1769. Les bureaux de recommandaresses furent supprimés et remplacés par un bureau général auquel devaient s'adresser toutes les nourrices. Un service de contrôle fut enfin institué. Toute la région s'étendant jusqu'à huit ou dix lieues de Paris était visitée par vingt-deux agents du bureau et par des médecins qui soignaient gratuitement les nourrissons. Les inconvénients résultant des bureaux de placement diminuèrent certainement. Cependant la mortalité resta toujours très grande, atteignant plus des deux tiers des enfants.

Une fois revenu de la campagne et rentré dans sa famille, que devenait l'enfant ? A part la protection qui était assurée à tout sujet contre les crimes de droit commun, il n'était plus l'objet d'une surveillance particulière. L'autorité de la famille était souveraine. Seule, elle peut expliquer cette sorte d'indifférence qui frappe au premier abord. Toute restriction de la puissance paternelle était chose inconnue et aurait même semblé monstrueuse. Le père de famille tenait de Dieu ses droits sur ses enfants comme le roi sur ses sujets. Il ne devait donc qu'à Dieu seul compte de ses actes envers eux. Quoique adoucie par les idées nouvelles et la sensiblerie à la Rousseau, l'autorité paternelle, à la fin du XVIIIe siècle, a gardé son cachet de sévérité parfois outrée, mais aussi de force et de grandeur. « C'est la famille que l'on aimait, a dit Talleyrand, bien plus que les individus que l'on ne connaissait pas encore. »

Bien loin de diminuer l'autorité du père, la loi ne songeait donc qu'à l'augmenter. De là, cette facilité avec laquelle on mettait en correction les enfants indisciplinés.

Dans un curieux travail sur les lettres de cachet, M. Funck-Brentano nous a décrit le maniement de ces *lettres de cachet de famille*, au moyen desquelles par une simple demande du chef de la famille au Lieutenant de police, on enfermait les dissipés et les récalcitrants dans les maisons de correction ou de force. Bicêtre était la plus importante. Les malfaiteurs y coudoyaient fraternellement les fous, les épileptiques, les mendiants ou les enfants incorrigibles.

L'enfant, dans sa famille, échappait donc à la loi. Pourvu que ses parents ne portassent pas atteinte à sa vie, ils pouvaient lui donner l'éducation qu'ils voulaient, le louer pour un travail quelconque. Il faut songer cependant que, durant l'ancien régime, si la loi était beaucoup moins précise qu'aujourd'hui, l'autorité publique était beaucoup plus puissante et que ses représentants, par leur seule volonté, corrigeaient plus d'un abus.

Mais l'enfant peut n'avoir pas de famille. La loi alors a le pouvoir de venir à son aide sans troubler le principe de la famille. Elle n'y manqua pas et s'efforça de secourir efficacement l'enfant abandonné. Ce qu'on peut lui reprocher, c'est là, comme en tant d'autres domaines, de n'avoir pas donné une cohésion suffisante à ses prescriptions sur l'assistance publique, de ne les avoir surtout pas assez fait respecter.

Déjà esquissée au xvi⁰ siècle par l'édit de Moulins qui posa la règle encore en vigueur, selon laquelle la commune doit secourir ses pauvres, et par l'édit de Blois instituant les commissions des hôpitaux, l'assistance publique, sous la monarchie, reçut sa charte véritable dans l'édit de 1662. Un hôpital général devait être établi pour les pauvres dans chaque ville du royaume. L'Hôpital général était la réunion de tous les établissements de bienfaisance de la ville. Les intentions de l'édit de 1662 ne furent du reste pas absolument réalisées et la pauvreté resta grande. Vers 1778, on comptait, environ, sur une population de vingt-sept millions d'habitants, un million deux cent mille nécessiteux. Beaucoup de villes n'eurent jamais d'hôpital général. Etablissements, privés ou publics, le nombre n'en était en 1791, et selon le comité de mendicité, que de 2185 pour toute la France. Leur fortune variait selon les établissements, qui, à leurs ressources personnelles constituées par des legs ou des donations, joignaient un prélèvement sur les spectacles, etc., ce que nous appelons aujourd'hui la taxe des pauvres. Chaque établissement était dirigé par un bureau général formé des notables de la ville et administré par des employés spéciaux.

L'hôpital général de Paris peut nous montrer le rouage de ces établissements. Fondé en 1656, il comprenait dix maisons et secourait onze à douze mille individus. Sous la haute surveillance de l'archevêque, du premier Président, du procureur général, du Lieutenant de police et du prévôt des marchands, il était dirigé par douze administrateurs et possédait un revenu d'environ quatre millions six cent mille livres. Il recueillait tous les individus pauvres, sans distinction d'âge.

Les enfants secourus par l'hôpital général, ceux dont s'occupait la bienfaisance légale proprement dite, étaient répartis dans divers établissements mais sans grande méthode. Les nouveau-nés, abandonnés d'ordinaire à la porte des églises et des couvents, étaient portés à la Maison de la Couche près de Notre-Dame. Fondée par St-Vincent de Paul et ses filles de la Charité, vers 1638, elle avait été réunie à l'hôpital général en 1670.

On connaît les belles paroles que prononça St-Vincent pour décider les dames qui l'aidaient à conserver leur œuvre : « Mesdames, la compassion et la charité vous ont fait adopter ces petites créatures pour vos enfants ; vous avez été leurs mères selon la grâce depuis que leurs mères selon la nature les ont abandonnées. Voyez maintenant si vous voulez aussi les abandonner. Cessez d'être leurs mères pour devenir à présent leurs juges ; leur vie et leur mort sont entre vos mains. Je m'en vais prendre les voix et les suffrages. Il est temps de prononcer leur arrêt et de savoir si vous ne voulez plus avoir de miséricorde pour eux. Ils vivront si vous continuez d'en prendre un charitable soin, et au contraire ils mourront et périront infailliblement si vous les abandonnez ; l'expérience ne vous permet pas d'en douter. »

Cinq à six mille enfants y étaient apportés annuellement, la plupart nés à Paris. Un procès-verbal était dressé de leur réception et un nom quelconque, inspiré le plus souvent par un trait saillant de leur abandon, leur était attribué.

La Maison de la Couche cherchait aussitôt des nourrices pour ses enfants. Les règles étaient les mêmes pour l'hôpital général que pour les particuliers. Mais, le taux des salaires qu'il donnait étant peu élevé, les enfants restaient souvent un temps assez long sans nourrice et mouraient en grand nombre. De 1776 à 1790, 100.000 enfants furent reçus aux Enfants trouvés, 15.000 seulement survécurent.

Vers la sixième année, les enfants ou demeuraient définitivement chez leurs nourrices, qui touchaient alors une pension jusqu'à leur seizième année, ou revenaient à l'hôpital général. Ils étaient placés dans la Maison de St-Antoine dirigée de la même façon que les autres établissements d'enfants.

Plusieurs maisons de l'hôpital général les abritaient en effet, suivant diverses catégories. L'hôpital du St-Esprit, fondé en 1362 et tenu par l'ordre du St-Esprit, que son fondateur Guy établit à Montpellier vers la fin du XII° siècle pour venir en aide aux pauvres et spécialement aux orphelins légitimes, hébergeait seulement 120 enfants. La Maison de la Pitié, plus importante, recueillait les enfants pauvres, admis au même titre que les autres pauvres de l'hôpital général, c'est-à-dire comme nécessiteux, même s'ils avaient encore leur famille. 1396 enfants de 4 à 12 ans y étaient logés en 1790. La Salpêtrière recevait, en même temps que les femmes débauchées, les petites pupilles de l'hôpital général. Une instruction rudimentaire était donnée à ces enfants. La lecture, l'écriture, l'arithmétique et le catéchisme leur étaient enseignés. Le catéchisme surtout triomphait. Mais leurs principes n'en étaient, paraît-il, pas meilleurs. Larochefoucauld, qui fait du reste de vives critiques sur l'état de ces établissements, se plaint surtout du peu de soin qu'on apportait à l'éducation des enfants. Le travail auquel on les appliquait était peu intelligent. Les garçons se contentaient de faire des lacets. Les filles étaient employées durant plusieurs heures à filer de la laine. Luttant sans cesse contre la gêne que leur causaient leurs grandes dépenses, ces établissements songeaient plus à profiter des enfants qu'à les bien élever. Les garçons figuraient dans des convois mortuaires où les parents les payaient pour donner plus d'éclat, par leur nombre, à la cérémonie. Les plus jolis étaient destinés aux quêtes publiques que l'hôpital faisait à certains jours.

La première communion accomplie, c'est-à-dire vers la douzième année, les garçons étaient mis en apprentissage. Ils devaient y rester trois ans et demeuraient sous la surveillance de l'hospice. Mais cette surveillance n'était d'ordinaire que nominale. Plus des

trois quarts d'entre eux, paraît-il, désertaient leurs
maîtres et malgré les bonnes leçons de religion dont
on les avait nourris, l'hôpital était souvent obligé de
les envoyer à Bicêtre dans la maison de correction.

Les filles étaient gardées beaucoup plus longtemps
à la Salpêtrière. A moins qu'elle ne se mariassent, ce
qui arrivait très rarement, bien que l'administration
leur fournît en ce cas un trousseau et trois cents livres
de dot, elles restaient dans l'établissement jusqu'à
vingt-cinq ans, occupées à des ouvrages de broderie
et de lingerie. A cet âge, elles pouvaient quitter la
maison. Mais la plupart préféraient y rester, sûres au
moins de leur subsistance, et en devenaient les ser-
vantes. L'hygiène, s'il faut en croire Larochefoucauld
qui rend hommage pourtant au zèle des administrateurs de l'hôpital général, sinon à leurs connaissances,
n'était pas le côté le moins attristant de ces établissements. « Si l'on considère, dit-il en parlant de la
Salpêtrière, quelle est la position du bâtiment où sont
les enfants, on le trouve placé près de l'égoût de la
maison qui répand une odeur infecte dans les grandes
pluies. L'ampithéâtre d'anatomie est placé au-dessous
des dortoirs, et l'air qui entre par les fenêtres est im-
prégné de tous les miasmes putrides qu'exhale la
cour où l'on entretient habituellement soixante-quinze
cochons mis en pension au mois par des charcutiers
de Paris. Tous les germes de corruption et de maladie
sont rassemblés autour de ces enfants. »

Plusieurs ordres charitables, comme ces Filles de la
Charité établies par saint Vincent de Paul en 1634 ou
l'ordre du Saint-Esprit, de nombreuses fondations par-

ticulières prenaient encore soin des enfants abandonnés dans toute la France. Ceux-ci tombaient surtout, selon une ancienne coutume qu'avaient confirmée plusieurs arrêts du parlement, à la charge des seigneurs du lieu de leur abandon ou seigneurs hauts justiciers, dont, au Moyen âge, ils devenaient les serfs. Au XVIII° siècle, cette obligation était encore en vigueur. Les seigneurs n'en furent déchargés que par décret de l'Assemblée nationale du 29 novembre 1792, quand les droits de justice, corrélatifs des obligations des hauts justiciers, eurent été supprimés. Au reste, ceux-ci ne s'occupaient guère directement de leurs protégés. Ils payaient d'ordinaire une redevance fixe à l'hôpital de leur ville, qui se chargeait de tous les enfants abandonnés.

Le gouvernement se préoccupait donc du sort des enfants abandonnés. Le nombre en était grand; il est vrai. En 1786, Necker le fixait à 40.000. L'assistance publique, je l'ai montré, laissait beaucoup à désirer. Néanmoins il serait injuste de trop accuser l'ancien régime à ce sujet. L'organisation de la charité reposait sur d'autres bases qu'aujourd'hui. La théorie du droit à l'assistance n'avait pas encore apparu. La charité était surtout une vertu privée, l'exécution d'un devoir religieux. L'Eglise avait reçu des biens immenses pour soulager les pauvres et les malheureux. Peu à peu elle avait négligé ce devoir. L'Etat, appauvri graduellement durant le XVIII° siècle, ne pouvait venir au secours de toutes les infortunes. La routine s'était surtout glissée dans les administrations des hôpitaux, comme dans tous les rouages d'un gouvernement trop vieux, et les institutions, suffisantes peut être au XVIIe siècle, n'avaient guère été améliorées. Cependant l'enfant délaissé était secouru. D'autres points étaient plus négligés. Les enfants naturels étaient durement traités par la loi qui ne leur accordait que des aliments dans la succession de leurs parents. Ils avaient droit, il est vrai, à la recherche de la paternité, mais ce moyen, que j'étudierai à la fin de cet ouvrage, parmi les réformes proposées aujourd'hui pour la situation légale de l'enfant, n'était d'ordinaire employé que par des femmes sans scrupules, qui affichaient souvent une fausse maternité. La recherche de la paternité ne cachait le plus souvent que des manœuvres de chantage.

Les principes du droit pénal n'étaient pas plus favorables à l'enfant. Celui-ci, sans doute, ne pouvait être, dans la coutume, soumis à la torture, ni même mis à mort. Le jeune âge était déjà une excuse légale et les enfants déclarés coupables étaient d'ordinaire envoyés dans les maisons de correction. Mais celles-ci n'existaient réellement pas. C'étaient dans les prisons communes qu'étaient placés les jeunes criminels. Mêlés à des malfaiteurs, ils ne pouvaient que s'y corrompre davantage. Là encore la justice vivait à la fin du siècle dernier sur de trop vieux principes. Châtier les coupables était le seul but, non les relever.

Fondé avant tout, sans qu'il faille du reste exagérer ce principe, sur la puissance de la famille, l'ancien régime ne songea donc qu'à lui venir en aide pour protéger l'enfant, non à restreindre cette puissance. Tant que l'enfant avait ses parents, la loi leur laissait liberté entière de conduite à son égard. Elle n'intervenait que lorsque placé en nourrice ou abandonné, sa situation réclamait impérieusement son aide.

L'instruction, le travail manuel de l'enfant regardaient seuls sa famille. Cependant, si dans ces cas la loi n'avait pas à ordonner, elle ne pouvait regarder avec indifférence ce qui intéressait à un si haut point la prospérité du royaume.

Etudions rapidement l'école d'autrefois ainsi que le travail manuel des enfants à la même époque.

La question de l'instruction sous l'ancien régime est des plus complexes. Possédant peu de renseignements statistiques exacts, de faibles données générales sur l'état de l'instruction primaire dans le royaume, les conclusions les plus diverses sont possibles. L'esprit de parti se donne libre carrière sur ce terrain. Pour les champions du passé, l'instruction populaire fut poussée à un degré qui ne doit laisser aucun regret. Pour ses contempteurs, au contraire, la France, jusqu'en 1789, croupit dans une ignorance absolue et de parti pris. Aucune de ces opinions n'est vraie. L'on fit quelque chose pour l'enseignement de l'enfant. Mais là encore ce soin fut abandonné aux particuliers, à la charité publique ou à l'intérêt religieux.

Plusieurs ordonnances enjoignirent pourtant au clergé de fonder une école pour chaque sexe auprès de chaque église. Mais ces ordonnances, datées de 1695, de 1698, de 1724, avaient un but tout autre que l'instruction même du peuple. Elles visaient seulement, en réalité, la partie protestante de la nation, que l'on cherchait de toute façon à convertir. Nul moyen ne semblait pour cela plus efficace que d'instruire les enfants de gré ou de force dans les vérités de la religion royale. L'édit de 1698 laisse voir ingénument son but : « ...pour instruire tous les enfants et nommément ceux de la religion prétendue réformée, du catéchisme et des prières qui sont nécessaires, pour les conduire à la messe tous les jours ouvriers, leur donner l'instruction dont ils ont besoin sur ce sujet, et pour avoir soin pendant le temps qu'ils iront aux dites écoles, qu'ils assistent au service divin les dimanches et fêtes... » Le clergé resta, durant toute la monarchie absolue, le seul maître de l'instruction élémentaire. Il n'a pu encore accepter la perte de sa longue domination.

L'Instruction primaire se donnait dans les *petites écoles*. Elles étaient de deux sortes : ou laïques, comme nous dirions aujourd'hui, dirigées par des particuliers, ou religieuses, dirigées par le clergé. Leur nombre était très variable. Certaines provinces, comme le centre, l'ouest et le midi en avaient très peu. Dans la Marche, l'Auvergne, le Limousin, on n'en trouvait pas une par vingt villages. Le premier venu pouvait devenir maître d'école. Il lui suffisait de passer un examen très sommaire devant une personne désignée par l'évêque de son diocèse. Après avoir reçu de celui-ci *l'approbation* ou permission d'enseigner, il se rendait dans un village où une place était vacante, montrait ses talents et ses recommandations et réglait les conditions de son engagement avec les principaux habitants. Son traitement du reste était des plus modestes. Il ne s'élevait presque jamais au-dessus de 500 livres. Le plus souvent les parents lui payaient un écolage, tantôt quelques sous par an, tantôt des vivres. Souvent même

le maître allait manger chez eux à tour de rôle.
. Il était réduit à cumuler les fonctions les plus diverses, sacristain, fossoyeur, sonneur de cloches. Changeant constamment de village, à la merci du curé, qui pouvait lui faire retirer son autorisation, ce n'était qu'un bohème. Son enseignement ne pouvait avoir de valeur. Il se bornait pour les plus savants à la lecture, l'écriture, l'arithmétique, le catéchisme et le plain-chant. Le magister employait d'ailleurs tous les moyens pour enseigner ses connaissances à ses élèves. Jusqu'à la fin du siècle, les châtiments corporels restèrent en usage dans les écoles. Le mot de l'auteur du XVI⁰ siècle reste vrai : « On n'oit rien céans que coups de verges, cris, pleurs, soupirs et sanglots. Après les Écossais, il n'est pas de plus grands fesseurs que les maîtres d'école français. »

Cet enseignement libre ne prit jamais d'importance. Plus sérieux furent les efforts du clergé, qui aboutit sur certains points à des résultats assez satisfaisants.

A Paris où la direction des Écoles appartenait au chantre de Notre-Dame, il y avait aux environs de 1789, 334 petites écoles pour la ville et les faubourgs, dont 167 consacrées aux filles. Mais le véritable enseignement populaire était fourni par les congrégations enseignantes. A la fin du XVI⁰ siècle, César de Bus fondait la congrégation des Pères de la Doctrine Chrétienne ou *Doctrinaires* qui d'Avignon s'établissaient sur divers points du royaume. Le plus grand ordre était surtout celui des Frères des Écoles Chrétiennes. Vers 1680, un chanoine de Reims, J. B. de la Salle, formait le projet de répandre l'instruction élémentaire dans le peuple.

Malgré les procès que lui firent les maîtres écrivains jurés qui, réunis en corporation, donnaient des leçons aux enfants de la classe aisée, il put réaliser son projet, et ouvrir un peu partout des écoles. Enfin, en 1724, Benoit VIII autorisa, par une bulle, la nouvelle congrégation, et le roi lui donna des lettres patentes. Les Frères des Ecoles Chrétiennes, qu'on surnomma les *Ignorantins*, étaient des religieux sans cependant être prêtres ni pouvoir le devenir. Leur enseignement était aussi rudimentaire, mais leurs procédés plus doux. Leur règlement interdisait les coups sur la tête, sur la figure et dans le dos.

Ces congrégations rendirent de réels services. A une époque où la profession de maître d'école était si misérable, on ne pouvait la remplir avec quelque valeur que mû par un sentiment désintéressé, soutenu et surveillé aussi par un ordre fortement organisé.

L'instruction des filles fut encore plus négligée. Plusieurs ordres se consacraient à elles : les Ursulines, constituées en 1608, les Filles de la Congrégation de Notre-Dame, en 1615. Elles instruisaient, elles aussi, gratuitement les enfants, mais la plupart des maîtresses étaient, selon toute vraisemblance, aussi ignorantes que leurs élèves. L'ignorance resta toujours générale dans le peuple. Dans le Bourbonnais, à peine dix personnes sur cent pouvaient écrire leur nom le jour de leur mariage. Dans le Nivernais, on en arrivait à ne compter que six femmes sur cent sachant signer.

Le clergé, à qui l'instruction du peuple était confiée, ne remplit pas sa tâche. Il se désintéressa, plus par nonchalance que par obscurantisme, de l'éducation

populaire. Quelque bien fut fait mais par des congrégations charitables dont les efforts ne pouvaient
atteindre à la hauteur de l'œuvre.

Il est cependant faux de prétendre que l'ancien régime n'ait absolument rien fait pour l'instruction publique. Le nombre des petites écoles en 1789 dépassait
22.000, celui des élèves 700.000. Romme, le géomètre
sans-culotte, dans son rapport sur les frais qu'entraînerait pour la nation l'instruction générale, reconnaît
en 1792 que les dépenses du trésor public à ce sujet
montaient au moins à quatre millions de livres. Enu-
mérant les divers revenus annuels des petites écoles,
subventions des fabriques et des municipalités, fondations particulières, écolages, salaire des maîtres particuliers, il ajoute : « il serait difficile d'apprécier à la
rigueur la valeur de ces différents objets, mais il n'est
guère possible de les porter au-dessous de douze
millions. »

L'instruction secondaire fut infiniment mieux soignée. Un patient observateur de l'ancienne France,
M. Babeau, a pu même avancer que « nulle époque n'a
été plus favorable aux études secondaires que les deux
derniers siècles. On peut dire qu'en aucun temps, on
n'a plus facilité aux classes laborieuses les moyens de
sortir de leur condition. » Cet éloge est exagéré, mais
exact jusqu'à un certain point. C'est que, tandis que
le clergé ne voyait aucune utilité à donner à la foule le
goût de penser et d'apprendre, il sentait nettement
quel profit lui promettait l'instruction d'une élite, à
laquelle il infuserait ses principes et sa manière d'agir.
C'est pour cela que les Jésuites furent de si admirables

éducateurs. Les colléges en 1789 étaient au nombre de 500 à 600 et renfermaient environ 73.000 écoliers, sur lesquels 40.000 *boursiers* ou élèves gratuits. Les Jésuites avaient à eux seuls près de 30.000 élèves. La division des classes était sensiblement la même qu'aujourd'hui. Les études étaient restées, il est vrai, en dehors du mouvement intellectuel. L'antiquité était étudiée à fond, mais les sciences nouvelles, la physique, la chimie, l'histoire, la géographie, demeuraient dans l'ombre. Il était de bon goût, du reste, à la fin du siècle dernier, après l'*Emile*, qui avait suscité l'enthousiasme des amis de la raison, de mépriser l'enseignement des colléges. « Les autres régents des classes inférieures, dit Mercier en 1780, sont plus plats et plus ignares les uns que les autres. Ils ont pris la qualification peu française de *professeurs d'humanités*, mais assurément ils ne le sont pas d'urbanité. »

Sans doute, l'enseignement de la jeunesse, il y a un siècle, réclamait une réforme, comme la société en général. La routine habituelle à tout clergé s'y était implantée. Mais si les ordres enseignants ne donnaient pas une instruction aussi variée qu'aujourd'hui, ils donnaient mieux encore, ils formaient l'esprit à une discipline solide. La tradition janséniste s'était perpétuée longtemps dans l'enseignement secondaire. L'instrument s'était peut-être rouillé à la longue. Il restait bon néanmoins, et quand la Révolution eut tout changé, elle s'empressa bientôt de relever, sous d'autres noms, le système d'autrefois. Le plus grand tort du clergé fut de ne pas faire la part, dans l'instruction de la jeunesse, des besoins nouveaux. Il le paya du reste chèrement.

Quand la Révolution éclata, le peuple dans son ignorance crut tout le passé mauvais et ne songea qu'à le détruire.

Mais le nombre des enfants qui, distingués par le curé ou l'évêque de leur ville, continuaient leurs études gratuitement dans les petits séminaires ou les collèges, et pour viser le plus souvent á la prêtrise, cet orgueil des mères, était l'infime minorité. La plupart, fils de pauvres gens, devaient gagner leur pain le plus tôt possible. Parfois, avant de les mettre au travail, on leur faisait donner des notions techniques. A la fin du XVIIIme siècle, quelques-unes de ces écoles que nous appelons professionnelles étaient apparues. En 1767, le peintre de fleurs Bachelier ouvrit à Paris, sous la protection du roi et la présidence du lieutenant de police, une école où 1.500 élèves apprenaient gratuitement la géométrie pratique, l'architecture, le dessin.

Les enfants des campagnes travaillaient aux champs avec leurs parents. On sait les conditions misérables du paysan à cette époque. Le portrait sinistre que la Bruyère nous en a tracé n'est guère atténué en 1789. Young qui parcourait à ce moment la France constate à côté de certaines provinces prospères une effroyable misère dans d'autres. Aucune réglementation n'est apportée en faveur de l'agriculture. Le cultivateur ne connaît la loi qu'aux jours où il doit payer l'impôt.

La situation est bien différente dans l'industrie. Là, trop de contrainte et de gêne. Je n'ai pas à faire ici l'histoire des corporations. Mais on peut dire que celles-ci, en se fermant davantage aux idées nouvelles, en se relevant victorieuses du coup que Turgot leur avait porté, faisaient certainement souffrir l'ouvrier au profit du maître, et surtout l'apprenti.

L'apprentissage était très long. Commencé de bonne heure, il durait, dans certains métiers, jusqu'à huit années. L'apprenti n'était guère considéré comme un élève. C'était en réalité le serviteur des compagnons et des ouvriers. On lui faisait souvent accomplir le travail du ménage avant celui de l'atelier. Les gages étaient très modiques. L'accès difficile du compagnonnage retenait souvent l'apprenti plusieurs années dans sa condition.

« L'apprentissage, dit Rossi, n'était point établi en faveur des élèves, mais tout en faveur des maîtres. C'était une sorte de servitude temporaire. Le maître voulait en tirer le plus d'avantages qu'il pouvait. Il n'avait certes aucune envie de se préparer, dans son élève, un compétiteur, un rival redoutable. » Et Monteil, dans son style imagé, nous dépeint ainsi la condition de l'apprenti :

« Chacun devait, par acte inscrit au greffe des apprentissages, donner de son argent 4,6,12,1400 francs et de son temps 3,4,5,6 ans, après lesquels il recevait avec son salaire journalier le beau titre de compagnon, en même temps qu'il restait plus ou moins de mois ou d'années, dernier, avant dernier, second, premier garçon de la boutique où le maître, qui portait l'antique titre de bourgeois, citoyen de la cité, s'asseyait sur une plus haute forme, sur un petit trône dominant les sièges inférieurs. »

Si les corporations subsistaient toujours, un adversaire puissant s'était dressé contre elles. La grande industrie apparaissait.

Des usines, des manufactures occupant de nombreux ouvriers, se fondent sur divers points du royaume, autorisées par le roi. En 1788, un intendant du commerce estime à 931 millions de livres le produit annuel de l'industrie française. Les toiles rapportent déjà 200.000.000 de livres. Lyon occupe 15.000 métiers pour la soie seule, Sᵗ-Quentin 60.000 fileuses et 6.000 tisserands. Les machines sont encore imparfaites sans doute. Le métier à tisser nécessitait plusieurs personnes qui aidaient le tisserand à le mouvoir. C'était des enfants que l'on chargeait d'ordinaire de ce rôle. Jacquard, dès l'âge de cinq ans, aidait son père à tisser et le souvenir des souffrances qui résultaient de ce travail devait le conduire plus tard à son invention. Le recensement officiel de la grande fabrique de Lyon, en 1788, donne sur 28.500 personnes employées, 507 apprentis et 13.138 enfants. Mais l'industrie, encore à son début, ne semblait pas appeler de mesures protectrices. La sécurité des travailleurs, la salubrité des ateliers ne devaient être surveillées que beaucoup plus tard. Le travail de l'enfance est laissé sans réglementation durant tout l'ancien régime. Les abus ne furent d'ailleurs pas grands, tant que le travail s'exécuta dans de petits ateliers, où le maître avec ses ouvriers réalisait une sorte de famille industrielle, ce rêve de l'école Leplay.

La situation légale de l'enfant en 1789 donne lieu à des réflexions diverses. Sur certains points le pouvoir est intervenu avec zèle, sinon toujours avec succès. Les

nourrissons, les enfants abandonnés sont protégés, mais
en d'autres cas l'Etat a méconnu ses plus élémentaires
devoirs. Quoi qu'on dise, et tout en admirant les efforts
des congrégations enseignantes, l'instruction du peuple
n'exista qu'à l'état rudimentaire. Le roi, pour ses services, entretient des écoles à lui. L'Ecole militaire
de Paris, en 1751, reçoit gratuitement 500 enfants
nobles de huit à treize ans. L'Ecole des enfants de
l'armée, à Liancourt, celle des orphelins militaires,
fondée en 1786, recueillent des fils d'invalides ou d'anciens soldats. La maison de Saint-Cyr abrite encore les
filles nobles chères à Mme de Maintenon. Les collèges
instruisent les enfants qui donnent des espérances au
clergé. Mais le commun du peuple est ignoré.

Et cependant, alors comme aujourd'hui, il importait
à la nation que ses enfants fussent protégés. Quand ce
ne serait pas une question de justice, ce serait, à toute
époque, une question d'utilité sociale. Lorsque la société
fut renouvelée, l'enfance dut avoir sa part à l'amélio-
riation générale.

Après avoir vu ce qui, sur ce point, existait il y a
cent ans, voyons ce qui est aujourd'hui, quels progrès
ont été réalisés et si peut-être nous avons à regretter
le bon vieux temps.

PREMIÈRE PARTIE

______

LA FAMILLE

LA FAMILLE

CHAPITRE I

Naissance de l'enfant.— Protection pénale : avortement, infanticide, exposition, etc. — Les nourrissons. La loi du 23 décembre 1874.

La sollicitude de la loi doit s'exercer pour l'enfant même avant sa naissance. On peut appliquer à sa personne sociale, pour ainsi dire, aussi bien qu'à sa personne civile, le vieil adage de l'ancien droit :

« Infans conceptus pro nato habetur, quoties de com-
« modis ejus agitur, — l'enfant, dès sa conception, est considéré comme né, toutes les fois qu'il y va de son intérêt. »

Pour que l'enfant naisse bien portant et apte à vivre, il faut que sa mère, au temps de la gestation, ait été entourée des soins que réclame son état. Sur les 880.000 femmes qui en moyenne enfantent annuellement, plus d'une sans doute n'a pu cesser son travail à temps ou prendre le repos nécessaire après ses couches. Dans l'intérêt même de l'enfant, la loi devrait veiller au bien-être de la femme enceinte, de la femme nécessiteuse tout au moins, car les riches n'ont pas besoin qu'on les protège. Ce principe, si évident, ne fait cependant que germer dans le cerveau de nos législateurs. Parce que la grossesse est naturelle, on assimilait sans peine jusqu'à maintenant, la femme grosse à la femme bien portante. Aucun principe législatif n'était posé en sa faveur. La loi du 18 juillet 1893 sur l'assistance médicale gratuite vient enfin d'y remédier. L'article 1er qui dispose que tout Français malade et privé de ressources doit être soigné aux frais de la nation déclare dans son paragraphe 2 : « Les femmes en couches sont assimilées à des malades. »

Le bureau d'assistance, constitué dans chaque commune par cette loi, dressera une liste des personnes nécessiteuses qui seront soignées à leur domicile ou envoyées dans un hôpital. Il faut espérer seulement que cette loi sera appliquée. Le gouvernement avait précédé, faiblement il est vrai, le législateur dans cette voie (indépendamment des bureaux de bienfaisance qui à Paris, en 1893, ont consacré plus de 500.000 fr. au services des accouchements chez les sages-femmes de la ville) en protégeant les sociétés de charité maternelle dont le but est de secourir les mères légitimes pauvres au moment de leurs couches.

J'ai montré que la première avait été fondée en 1785. Depuis elles ont prospéré. Plusieurs décrets ou ordonnances du 5 mai 1810, du 31 octobre 1814, du 26 janvier 1862 leur donnèrent existence officielle et les placèrent sous la surveillance du ministère de l'intérieur. On en compte actuellement 83, dont 33 reconnues d'uti lité publique et subventionnées. Mais leurs statuts sont rigoureux. Pour être secourue, la femme doit avoir contracté mariage civil et religieux, être inscrite au bureau de bienfaisance et avoir au moins trois enfants vivants. Le bien que font ces sociétés est donc forcément restreint.

La loi est toujours plus habile à punir qu'à secourir. Les crimes qui menacent l'enfant à sa naissance ont été sévèrement réprimés. Le premier de tous est l'avortement qui prend en quelque sorte l'enfant avant sa naissance. La réclusion, c'est-à-dire cinq ans à dix ans d'emprisonnement, frappe la femme qui s'est fait avorter. Si même c'est un médecin ou un pharmacien qui l'y a aidée, les travaux forcés sont alors prononcés contre eux. Ces peines sévères qui avec tant d'autres, sont, dans le code de 1810, le reste des vieilles cruautés religieuses de notre ancien droit, n'ont pas été bien efficaces contre les avortements. Ceux-ci ont triplé depuis quarante ans. Et le jury, forcé, s'il déclare l'accusée coupable, de lui laisser appliquer une peine que dans son âme populaire il trouve excessive, l'acquitte le plus souvent. La dernière statistique criminelle publiée pour 1890 n'indique que 19 poursuites pour avortements. On se souvient encore de l'avorteuse de Clichy, qui fut arrêtée naguère après avoir dans une carrière courte encore, commis, du moins elle s'en vantait, plus de deux cents opérations.

Les autres attentats contre la vie des nouveaux-nés n'augmentent guère heureusement, à en croire les tribunaux. L'infanticide ou meurtre d'un nouveau-né (Code pénal art. 300) est puni comme l'assassinat, en principe de la mort. 164 de ces crimes ont fait l'objet de poursuites en 1890. Les expositions d'enfants, que l'antiquité pratiquait si largement, sont soigneusement prohibées. La peine en est, il est vrai, moins sévère, car l'enfant a des chances pour être recueilli et porté à l'hospice. Si le lieu où l'enfant a été déposé est solitaire et que la mort fût plus facile, la peine est de six mois à deux ans de prison. Sinon, elle ne dépasse pas un an de prison. Mais comment peut-on dans la plupart des cas retrouver les coupables ? En 1889 on a bien exercé, de ce chef, 181 poursuites. De même, la réclusion punit la substitution d'un enfant à un autre ou la supposition d'un enfant à une femme qui veut s'attribuer une maternité avantageuse. Mais la loi, dans une matière aussi délicate, n'aura jamais d'efficacité et M. Bertillon, le savant démographe, a pu estimer qu'il meurt chaque année 3.000 enfants en France par avortement ou défaut de soins prémédité.

Tous les parents d'ailleurs, même s'ils regrettent la venue d'un enfant, ne songent pas à le supprimer. La naissance heureusement accomplie, il faut lui donner un état civil, lui procurer une personnalité légale. La loi y a pourvu par la déclaration de naissance.

L'organisation de l'état civil restera une des œuvres les plus belles de la Révolution. Nul ne songerait aujourd'hui à revenir au temps où le registre des naissances, des décès, des mariages était tenu par le curé de la paroisse. La confusion du rôle civil et du rôle religieux ne pouvait du reste être utile ni au particulier, ni au prêtre. Chacun connaît les grands traits du Code civil sur ce point. Dans les trois jours de la naissance, l'enfant doit être déclaré à l'officier de l'état civil du lieu. La déclaration est faite par le père de l'enfant, à son défaut par le médecin, ou la sage-femme, ou toute personne enfin ayant assisté à l'accouchement. L'acte de naissance est aussitôt rédigé, après constatation d'un médecin qui représente l'officier de l'état civil auquel en principe, et selon le vieil usage, l'enfant en personne devait être présenté, et contient le jour, l'heure, le lieu de la naissance, le sexe de l'enfant, ses nom, prénoms ainsi que ceux de ses parents, à moins que ces derniers ne restent inconnus. Si l'on trouve un nouveau-né abandonné, on doit de même le porter à l'officier d'état civil qui dresse son acte de naissance. Le Code pénal punit de six jours à six mois d'emprisonnement et d'une amende quiconque se déroberait à ses prescriptions. Elles sont universellement respectées et l'on ne voit plus d'aussi fréquents procès que jadis, où des enfants, dont l'état civil avait été mal rédigé, revendiquaient une autre filiation, ainsi le célèbre procès de Mme de Saint-Géran.

Le plus grand ennemi du premier âge, comme du reste de tous, est la maladie. Plus du sixième des enfants meurent dans leur première année — exactement, en 1890, 147.590 sur 838.059 enfants nés viables, 40.535 étant morts-nés ou morts avant la déclaration de naissance. Cette si forte mortalité est due surtout aux maladies particulières à l'enfant et qu'on ne détruira jamais entièrement. Elle est due aussi pour une forte part à l'habitude si française de mettre les enfants en nourrice. La loi a dû finir par s'en préoccuper.

Le mal avait été constaté depuis longtemps. Déjà, en 1846, une pétition adressée à la Chambre demandait une loi sur l'industrie nouricière. La question devint aiguë en 1860, alors que l'Académie de Médecine, émue par les déclarations de ses membres, réclama une enquête. Tout a été dit sur les *Faiseuses d'Anges* depuis les lamentions des philantrophes jusqu'aux félicitations des malthusieus. Mais les enquêtes de 1860 à 1870 eurent l'avantage d'établir enfin sur des données incontestables l'indignation des moralistes. On montra que dans les départements qui reçoivent de préférence les nourrissons parisiens, la mortalité générale était, pour donner des chiffres exacts, de 51, 68 0/0, tandis que la mortalité relevée dans les mêmes communes pour les enfants du pays n'était que de 19, 92 0/0. Dans le Morvan, lieu principal de cette industrie, elle atteignait 75 à 80 0/0.

Des sociétés protectrices de l'enfance se fondèrent et firent tomber jusqu'à 12 0/0 la mortalité dans les cantons où elle montait le plus haut. Le gouvernement se montra prêt à porter un remède énergique à ce mal. « De toutes les statistiques, disait en 1869 le Ministre de l'intérieur résumant l'enquête de 1868, il résulte qu'en vertu d'une loi invariable, les enfants conservés, nourris dans leurs familles échappent à la plupart des causes de mortalité qui déciment au contraire les enfants envoyés en nourrice, loin de la surveillance et des soins de leurs parents. Cette surveillance n'étant pas, il faut qu'un autre s'y substitue. »

Préparée par plus de dix années de discussions et d'enquêtes, la loi apparut enfin. Ce fut M. Théophile

Roussel, alors membre de l'Assemblée nationale, aujourd'hui sénateur et membre de l'Académie de Médecine, qui la présenta et parvint en moins de deux années à la faire accepter. Promulguée le 23 décembre 1874, elle fut suivie le 27 février 1877 d'un règlement d'administration publique fixant nettement les détails de son application.

La loi, qui porte le titre de « loi relative à la protection des enfants du premier âge et en particulier des nourrissons, » indique dès l'abord son caractère général : A. 1. « Tout enfant âgé de moins de deux ans, qui est placé moyennant salaire, en nourrice, en sevrage ou en garde hors du domaine de ses parents, devient, par ce fait, l'objet d'une surveillance de l'autorité publique, ayant pour but de protéger sa vie et sa santé. » L'importance de cette loi est très grande. Le nombre des nourrissons est en effet considérable. En prenant comme base de la natalité le chiffre, plutôt inférieur, des naissances en 1890 (838.059) nous trouvons que la population des premières années est en moyenne de 1.675.000 enfants. Or la mortalité, moyenne aussi de cette année là, atteignait 147.590 enfants de moins d'un an, 39.144 de moins de deux ans, en tout 186.734. Par conséquent le nombre des enfants ayant survécu à leurs deux premières années atteint au minimum 1.480.000 enfants dont une très grande partie est en nourrice.

La nourrice peut allaiter l'enfant chez ses parents. Elle est nourrice sur lieu. L'enfant reste alors sous leur surveillance. La loi n'a pas à intervenir pour le protéger. Néanmoins elle impose certaines conditions de capacité à la nourrice. Celle-ci doit se procurer un certificat du maire de sa résidence, indiquant si son dernier enfant est vivant, et constatant qu'il est âgé d'au moins sept mois révolus ou, s'il n'a pas atteint cet âge, qu'il est allaité par une autre femme.

Mais l'industrie nourricière ne présente de dangers que quand la nourrice est loin des parents, qu'elle est en garde. La loi de 1874 a réglé minutieusement les obligations qui sont alors imposées. Les parents qui prennent une nourrice doivent d'abord le déclarer à la mairie de leur résidence pour rendre la surveillance possible, et indiquer l'état civil de l'enfant, afin qu'aucune substitution ne puisse se produire. Puis la nourrice elle-même doit présenter, pour être admise à exercer, deux certificats : l'un du maire de sa commune donnant son état civil, celui de son mari, l'âge de son propre enfant, s'il est vivant, enfin témoignant qu'elle est de bonnes mœurs, l'autre d'un médecin la déclarant apte à nourrir ou à garder. — Elle est alors autorisée à emmener l'enfant, et un carnet lui est remis, sur lequel toutes ces pièces sont transcrites. Aussitôt le nourrisson reçu, la nourrice doit le déclarer à la mairie de sa commune, dans les trois jours, puis la surveillance proprement dite commence. La nourrice doit avoir un berceau et un garde-feu. Elle est obligée de tenir l'administration au courant de tous ses changements de résidence, d'annoncer le retrait de l'enfant par ses parents ou la remise de celui-ci à une autre personne, enfin, en cas de décès de l'enfant d'en donner aussitôt avertissement. Elle doit surtout recevoir la visite du médecin inspecteur.

L'inspection est ainsi composée : à Paris, le Préfet

de Police, dans les autres départements, le **Préfet**, est chargé de la surveillance instituée par la loi. Il est assisté d'un comité départemental, chargé d'étudier et de proposer les mesures à prendre et composé de huit membres, deux du Conseil général, les autres choisis parmi des médecins ou des sociétés qui s'occupent de l'enfance. Cette commission départementale propose au préfet la nomination de commissions locales dont la composition est très pratique : le maire de la commune, le curé, et un représentant des autres cultes officiels s'il en existe dans la commune, enfin deux mères de famille. Les commissions locales visitent les nourrices et font leur rapport à la commission départementale en proposant au préfet de retirer les enfants aux nourrices incapables, et de récompenser les plus méritoires. Enfin, un comité supérieur de protection des enfants du premier âge a été institué près du ministre de l'intérieur, pour réunir tous les documents fournis par les commissions, former ainsi une sorte de bureau statistique des nourrissons et proposer les meilleures réformes au ministre. Ce comité est actuellement composé de MM. H. Monod, Th. Roussel, etc. Il s'est du reste distingué par son silence.

L'agent le plus actif de la surveillance est le médecin-inspecteur, placé sous la direction de la commission locale. Ce médecin, qui est déjà l'inspecteur du service des enfants assistés, doit faire une visite au moins tous les mois aux nourrices. Il observe si les règles de l'hygiène sont bien observées, vise le carnet de la nourrice et adresse un compte-rendu de sa visite au maire qui le transmet à la commission locale. Il veille, innovation importante, à ce que tous les nourrissons soient vaccinés. Au cas où elle ne donnerait pas à l'enfant des soins suffisants, la nourrice peut toujours craindre qu'on le lui retire. Mais il ne suffit pas de surveiller les nourrices. Il faut encore, surtout même, veiller sur les intermédiaires, ces meneurs et ces meneuses, ces recommandaresses qui, pour changer de noms et de costumes depuis le moyen âge, n'ont pas changé de rapacité et de légèreté de conscience. L'autorisation préfectorale leur est nécessaire pour exercer leur métier, autorisation qui peut toujours leur être retirée dès qu'ils désobéissent à la loi. Ils doivent tenir un registre de toutes leurs opérations, que parafe le maire de la commune. Nul ne peut placer des enfants sans autorisation, sous peine d'amende et en cas de récidive, d'emprisonnement. La loi du reste a été libérale dans la distribution des peines. Des amendes, légères il est vrai, quelques jours d'emprisonnement, frappent les nourrices qui ne se soumettent pas aux ordres de la loi ou refusent la visite de l'inspecteur, ainsi que les parents qui omettent de déclarer le placement de leur enfant.

Enfin, par une dernière innovation, celle-là favorable à la nourrice, les mois de nourrice font partie des créances privilégiées qui, d'après l'article 2101 du Code civil, doivent être payées avant toute autre.

La loi Roussel est donc très habilement combinée. A part quelque profusion dans les commissions, on peut la tenir pour excellente. Mais hélas ! là encore comme ailleurs, la distance entre la théorie et la pratique est grande. Ce qui fait surtout la valeur d'une loi, c'est sa bonne exécution. Or il ne semble pas que la loi Roussel soit encore aussi respectée qu'on pourrait le désirer. Les maires délivrent trop souvent à la légère les certificats que leur demandent les nourrices. Surtout, les départements, que la loi chargeait de la moitié des dépenses entraînées par l'inspection du premier âge, se sont pour la plupart dérobés à cette charge, pourtant si nécessaire. Une circulaire du ministre de l'intérieur, du 8 août 1891, le constate, non sans mélancolie.

« Malgré les nombreuses et pressantes recommandations adressées aux Préfets par mes prédécesseurs et moi, ce service est encore insuffisamment doté dans beaucoup de départements ; il ne reçoit dans plusieurs qu'une allocation minime, forcément dépourvue de toute efficacité ; enfin, dans cinq départements, il n'est pas même, faute d'une dotation quelconque, institué sur le papier. » La part de l'Etat dans les dépenses de ce service, qui se monte à la moitié de la dépense totale, n'est pour le budget de 1891 que de 800.000 francs, somme manifestement insuffisante pour l'immense population des nourrissons en garde.

Cependant la loi Roussel a déjà rendu de grands services, si l'on peut en attendre de plus grands encore. Sur plus d'un point de la France, la mortalité des nourrissons a immédiatement baissé. On estime que dans le Calvados la mortalité est tombée de 78 0/0 à 15 0/0. A Paris, tandis que, des enfants envoyés seulement dans les environs et inspectés, il mourait à peine le dixième, les nourrissons élevés plus loin et soustraits à toute surveillance continuaient à périr dans la proportion d'au moins un sur deux. Le dernier rapport publié pour la Seine et adressé sur l'état du service en 1890 par le Préfet de Police au ministre de l'intérieur nous donne sur ce point des détails intéressants.

Durant cette année-là, on a fait 21.580 déclarations de placements. Mais comme la plupart des enfants, exactement 19.204, étaient envoyés en province, la surveillance n'a pu s'exercer que sur un petit nombre d'entre eux qui, joints à ceux de l'année précédente, se montaient à 4.802, les trois quarts élevés dans la banlieue. 380 d'entre eux seulement sont morts. La proportion la plus forte des décès était fournie, selon l'habitude, par les enfants nourris au biberon, dont le nombre compense presque celui des enfants élevés au sein.

Ces résultats sont donc plutôt satisfaisants. Malheureusement l'inspection en province est assez négligée. Après une étude attentive de la loi Roussel et de ses résultats, on doit la considérer néanmoins comme très bonne. Elle est soigneuse sans être vexatoire, sans entraîner en outre de grands frais. Avec plus de soin on la rendrait excellente.

CHAPITRE II

L'enfant est conservé dès sa naissance par sa famille, ou il revient de nourrice.

Normalement, et c'est heureusement le cas le plus fréquent, ses parents prendront soin de lui, l'aimeront, et la loi n'aura pas besoin d'intervenir en sa faveur. Comme les peuples, et peut-être plus justement encore, les enfants heureux n'ont pas d'histoire. Cependant la situation de l'enfant dans la famille doit être bien définie. Puis la famille, par suite du décès d'un des époux ou de leur divorce peut se dissoudre. Que devient alors l'enfant? Le Code Civil s'en est occupé minutieusement dans plusieurs de ses parties, principalement les titres VIII, IX et X du livre I. Ceci est plutôt du droit pur. Il est en outre très connu. Je ne ferai donc que décrire rapidement l'organisation civile de la famille.

Pour que les parents puissent élever avec succès l'enfant, il faut que leurs droits sur lui soient formels. L'enfant leur doit d'abord à tout âge honneur et respect (C. c. 371). On divise en trois catégories les droits des parents : *Droit d'éducation* : les parents ont seuls le choix de l'éducation qu'ils veulent donner à l'enfant ; *Droit de garde* : l'enfant est tenu de demeurer avec ses parents à moins que ceux-ci ne lui indiquent une autre demeure ; enfin *Droit de correction :* Si l'enfant est rebelle et que les punitions domestiques soient insuffisantes, il peut être enfermé dans une maison de correction pour y réfléchir sur les inconvénients de sa désobéissance. J'étudierai plus au long les maisons de correction quand je parlerai de l'enfance coupable. Jusqu'à seize ans, limite ainsi que je l'ai dit, de l'enfance proprement dite, le droit de correction est absolu. Il s'exerce par *voie d'autorité*, c'est-à-dire que le juge doit délivrer l'ordre d'arrestation sans en étudier la justice. La détention ne peut dépasser du reste un mois. Après seize ans, au contraire, la détention a lieu par *voie de réquisition*. Le juge peut l'accorder ou la refuser. Mais, dans l'intérêt de l'enfant, le Code apporte une restriction à ce système. Si le père est remarié ou que la mère soit veuve, que l'enfant soit soumis ainsi à l'autorité peut être malveillante d'une marâtre ou à la faiblesse influencée d'une mère, la détention ne peut avoir lieu, même avant seize ans, que par voie de réquisition.

Ces droits sont absolus, et, comme on dit à l'école, d'ordre public. Même du consentement des parents, ils ne peuvent être aliénés. Toute convention sur ce point serait radicalement nulle. C'est le père seul qui durant le mariage les exerce.

Le mariage peut se disoudre par la mort d'un des époux. Que devient la puissance paternelle ? Elle n'est pas supprimée. Elle passe tout entière, de plein droit, au survivant des époux. Seulement, la communauté matrimoniale étant détruite, l'enfant n'ayant plus pour l'entourer les soins et l'accord de ses parents, la loi a voulu créer une nouvelle institution pour combler le vide laissé par celui des parents qu'il a perdu. C'est la tutelle.

La tutelle, comme on sait, est de diverses sortes, légale, testamentaire, dative. Elle passe de plein droit au survivant des époux. Mais si c'est la femme qui survit et que le mari en mourant l'estime incapable d'exercer seule la tutelle, il peut lui nommer un conseil spécial pour l'assister, le tuteur.

Deux autres rouages bien connus achèvent, avec le tuteur, de constituer la tutelle : le conseil de famille, composé du juge de paix et des six proches parents de l'enfant, et qui surveille de haut la tutelle ; le subrogé tuteur qui, nommé par ce conseil, remplace le tuteur dans les cas où les intérêts de celui-ci sont en opposition avec ceux du mineur.

La tutelle ne présente guère d'intérêt tant que l'enfant a conservé un de ses parents, mais si tous les deux sont morts, il faut qu'une nouvelle famille lui soit constituée. C'est le tuteur alors qui exerce, quoique affaiblis, les droits de la puissance paternelle. Le tuteur, toujours accompagné d'un subrogé-tuteur, est désigné par le dernier mourant des père et mère-

c'est la tutelle testamentaire, — ou au cas de silence des parents, par le conseil de famille — c'est la tutelle dative. Je n'ai pas à entrer dans les détails de la tutelle. La loi ordonne au tuteur de prendre soin « de la personne du mineur... » (C. c. art. 450). Elle lui accorde donc les droits de garde et d'éducation. Quant au droit de correction, il ne peut être exercé qu'avec l'assistance du conseil de famille et, suivant l'opinion générale, seulement par voie de réquisition. Tous les autres actes du tuteur, comme des parents, et qui ont trait aux biens du mineur, ne rentrent pas dans le cadre de cet ouvrage où l'on a uniquement en vue la législation relative à la personne de l'enfant.

L'enfant est exposé à quelque chose de plus cruel que la mort de ses parents, à leur séparation. La grande objection des âmes sensibles contre le divorce repose en effet sur la situation qu'il crée aux enfants. Un romancier d'ordinaire moins attendri, M. A. Daudet, essayait même récemment de nous en montrer l'horreur dans une œuvre de son déclin, « Rose et Ninette. » En se séparant, les époux chercheront toujours à s'arracher mutuellement leurs enfants. Le nombre des divorces s'est élevé en 1890 à 6.557 et comme, en moyenne, ils éclatent entre la cinquième et la dixième année du mariage, la plupart des époux ont des enfants. Sur les 6.557 ménages divorcés en 1890, 3.541 en avaient. Auquel les remettre ? Ce point a été spécifié dès la première heure. Pendant l'instance en séparation de corps ou en divorce, où les époux ont une haine mutuelle peut-être plus vive qu'une fois le divorce consommé, c'est le juge qui, d'après la loi du 18 avril 1886, statue sur les mesures provisoires nécessaires dans l'intérêt des enfants, et les confie soit à l'un des époux, soit à toute autre personne. Il rend cette ordonnance aussi bien sur la demande des membres de la famille que sur celle des parties. Quand le jugement prononçant le divorce est devenu définitif, c'est encore le tribunal qui statue sur la situation des enfants. L'article 302 du Code Civil, auquel la loi du 27 juillet 1884 rétablissant le divorce et celle du 18 avril 1886 modifiant sa procédure n'ont apporté aucune modification, dispose :

« Les enfants seront confiés à l'époux qui a obtenu le divorce, à moins que le tribunal sur la demande de la famille ou du ministère public n'ordonne pour le plus grand avantage des enfants, que tous ou quelques-uns d'entre eux seront confiés aux soins soit de l'autre époux soit d'une tierce personne. » L'époux vainqueur est estimé le plus digne de conserver les enfants. Il a sur eux tous les droits. Le Code paraît formel sur ce point et, selon les paroles du tribun Réal, lors de la discussion du titre relatif au divorce : « Celui contre lequel il a été prononcé, a, par un délit grave, brisé les nœuds les plus sacrés : pour lui, il n'y a plus de famille. » Mais comme souvent les divorcés ne valent pas mieux l'un que l'autre, le tribunal peut, là encore, prendre une disposition contraire. Et c'est ainsi qu'on voit ces jugements qui, semblables à celui de Salomon, divisent une famille, remettant les filles à la mère et les garçons au père.

Jusqu'ici, j'ai étudié l'enfant ayant une famille ou

tout au moins en ayant eu une. Mais celui qui n'en a jamais eu, l'enfant illégitime en un mot ? Le Code a réglé, trop sommairement du reste, la situation de l'enfant naturel, quant à sa personne, à l'égard de ses parents. Si ceux-ci ne l'ont pas reconnu, il n'a aucune famille. De même s'il est adultérin, car la loi interdit pour lui toute reconnaissance, (art. 335. C. c.) sauf dans des cas très rares où malgré l'art. 335, la reconnaissance est établie *ipso facto*, comme lors d'un désaveu de paternité. L'enfant naturel pourra bien, il est vrai, réclamer sa filiation. Si la recherche de la paternité est interdite, cette recherche que quelques utopistes voudraient rétablir aujourd'hui, « la recherche de la maternité est admise. L'enfant qui réclamera sa mère sera tenu de prouver qu'il est identiquement le même que l'enfant dont elle est accouchée. Il ne sera reçu à faire cette preuve par témoins que' lorsqu'il aura déjà un commencement de preuve par écrit » (art. 341). Le législateur de 1804 se fondant sur des raisons d'ordre physiologique a estimé en effet que la maternité pouvait se prouver, puisqu'elle laisse des traces que la paternité ne connaît pas.

Les instances en recherche de la maternité, sont, il est vrai, très rares. Tous les enfants naturels n'ont d'ailleurs pas besoin d'y recourir, car une grande partie sont reconnus, au moins par un des parents. La statistique pour 1890 nous apprend que sur 71.086 enfants naturels nés cette année-là, 29.687 ont été reconnus. Les droits des parents qui les ont reconnus ne sont pas assez nettement déterminés. L'art. 383 se borne à dire : « les articles 376-377-378 et 379 seront communs aux pères et mères des enfants naturels légalement reconnus ». Or, ces articles ne visent que le droit de correction. Il semble pourtant évident, la jurisprudence et la doctrine sont unanimes sur ce point, que les autres droits de la puissance paternelle appartiennent aussi aux parents naturels qui ont fait la reconnaissance.

L'enfant illégitime peut, du reste, on le sait, être légitimé par le mariage subséquent de ses parents. Il suffit pour cela qu'il ait été auparavant légalement reconnu dans l'acte de naissance ou par acte authentique ou qu'il soit reconnu dans l'acte même de célébration du mariage.

La situation des enfants naturels est anormale. Il faut tout faire pour l'améliorer. C'est dans cette idée que l'administration accorde des primes aux filles qui légitiment leur enfant, soixante francs environ. Mais la loi a conservé à l'égard de ces enfants la vieille réprobation d'autrefois. A côté de l'organisation si parfaite de la famille légitime, elle aurait dû donner plus de soins à la famille naturelle.

Enfin, à côté de la famille normale, la loi a créé, par une fiction ingénieuse et du reste aussi vieille que toute société, une sorte de famille exceptionnelle, au moyen de la tutelle officieuse ou de l'adoption. On sait l'utilité qu'avait l'adoption dans le droit romain : le fils aîné de la famille devenant en même temps le chef et le prêtre de la famille, toute lignée qui n'avait point de descendants mâles perdait également ses dieux, et les ancêtres ne recevaient plus les hommages qui leur étaient rendus chaque jour sur l'autel familial. L'adoption simulait une continuation ininterrompue de la race et les mânes comme la cité étaient heureux de voir le foyer rester debout. Dans notre droit, où ces idées religieuses ont disparu, l'adoption n'a plus la même importance. Mais la société y est également intéressée par la création d'une famille nouvelle.

L'adoption, réglée par le titre VIII du Livre Ier du Code civil, ne peut avoir lieu que si l'adoptant est âgé de plus de cinquante ans et s'il a quinze ans au moins de plus que l'adopté. On veut éviter des entraînements irréfléchis. Il faut en outre que l'adopté soit majeur et que, durant sa minorité, l'adoptant lui ait, pendant six ans au moins, fourni des secours et donné des soins ininterrompus, ou que l'adopté lui ait sauvé la vie. L'adoption ne fera ainsi que confirmer en droit les rapports de famille, en quelque sorte, qui existaient déjà en fait entre l'adoptant et l'adopté. Mais la loi ne peut nuire aux héritiers directs, naturels, de l'adoptant. Aussi l'adoption n'est-elle permise à celui-ci que s'il n'a ni enfants, ni descendants légitimes.

L'adoption ne crée une famille légale qu'entre l'adoptant et l'adopté. Celui-ci prend le nom de l'adoptant en l'ajoutant à son propre nom. Il a sur la succession de l'adoptant les mêmes droits que s'il était enfant légitime. Mais aucun lien spécial n'est créé entre lui et la famille de l'adoptant. Enfin, l'adoption étant faite en faveur de l'adopté, il conserve tous ses droits dans sa famille naturelle au cas où elle existe encore. Jusqu'à sa vingt-cinquième année, il doit même obtenir, pour être adopté, le consentement de ses père et mère. L'adoption est comparée assez justement au mariage. Comme, enfin, elle crée une parenté fictive entre l'adopté et l'adoptant, tout mariage entre ceux-ci et même leurs enfants est prohibé.

L'adoption apporte des modifications importantes au statut personnel des individus. Aussi ses formes ne sauraient-elle être l'objet d'une trop sérieuse attention. L'acte d'adoption, après avoir été passé devant le juge de paix, doit être soumis à l'approbation du tribunal de 1ʳᵉ Instance, puis de la Cour d'appel. Si ces deux juridictions adoptent la demande, l'arrêt d'adoption est affiché, puis inscrit sur le registre de l'état civil du lieu où est domicilié l'adoptant. Des restrictions aussi grandes, des formalités aussi nombreuses doivent forcément restreindre le nombre des adoptions. Aussi le Code a-t-il organisé une adoption beaucoup plus modeste, mais moins difficile, la tutelle officieuse. Il faut toujours que l'adoptant ait plus de 50 ans, mais le pupille officieux doit être mineur. Cette tutelle a pour but en effet de donner au bienfaiteur de l'enfant un titre légal, une autorité de droit sur lui, qui lui permettra de le protéger efficacement. Il faut que les parents ou le conseil de famille, enfin à leur défaut, la commission de l'hospice qui aura recueilli l'enfant, ou la municipalité du lieu de sa résidence donnent leur consentement à cette tutelle. Les effets sont ceux de l'adoption, quoique diminués. « Cette tutelle ne pourra avoir lieu qu'au profit d'enfants âgés de moins de quinze ans. Elle emportera avec soi, sans préjudice de toutes stipulations particulières, l'obligation de nourrir le pupille, de l'élever, de le mettre en état de gagner sa vie. » (Art. 364. C. c.) La tutelle officieuse, commencée à quinze ans, pourra dès la majorité se transformer en adoption. Mais l'expérience prouve que cette tutelle est peu recherchée. Les effets vraiment importants de l'adoption, transmission du nom et de la fortune de l'adoptant à l'adopté, n'y existent pas. Le dernier rapport paru en 1894 sur l'administration de la justice civile et commerciale en 1890 nous donne des détails intéressants sur les adoptions durant cette dernière année.

En 1889, on avait enregistré 109 adoptions. Elles ont été un peu moins nombreuses l'année suivante. « Il a été soumis, en 1890, aux cours d'appel 95 actes d'adoptions qui ont été suivis : 94 de confirmation et 1 d'infirmation. Les adoptants étaient dans 32 cas des hommes, dans 48 des femmes et dans 15 deux époux conjointement. La profession de 25 adoptants est restée inconnue ; 47 étaient propriétaires, rentiers ou exerçaient des professions libérales, 13 appartenaient au commerce et 10 à d'autres métiers ou professions. Les 95 actes concernaient 105 adoptés (50 hommes et 55 femmes) dont 53 enfants naturels des adoptants (32 reconnus et 21 non reconnus) ; 7 neveux ou nièces, 3 autres parents ou alliés et 42 n'ayant aucun lien de famille avec les adoptants.

Deux adoptions avaient été précédées de tutelle officieuse. »

CHAPITRE III

La Famille nécessiteuse. Assistance publique. Secours à domicile. Secours aux filles-mères. Crèches. Hôpitaux et Institutions nationales.

Sans être incapables d'élever l'enfant et de le garder avec eux, les parents sont parfois dans un état de gêne qui pourrait les prédisposer à l'abandonner ou tout au moins les empêcherait de l'élever convenablement. La société doit venir à leur secours aussi bien dans son intérêt que dans le leur.

La Révolution fut la première à poser le principe du devoir de la charité publique. Les lois du 19 mars 1793, du 28 juin 1793, du 15 octobre 1793 jetèrent les bases de l'assistance publique, en cherchant à unifier les œuvres de la charité légale, en établissant le domicile de secours, en posant que si l'assistance est une charge de la nation entière, elle est avant tout une charge de la fraction au milieu de laquelle vit l'individu nécessiteux, de la commune. Mais son œuvre resta surtout théorique. Aujourd'hui encore l'Assistance publique n'est pas suffisamment unifiée. Cependant divers décrets ont récemment amélioré sa situation. Le ministre de l'intérieur en conserve la direction, depuis la loi du 4 vendémiaire an IV. Mais pendant de longues années, les divers services charitables restèrent isolés. Le directeur de l'assistance créé par la loi du 10 janvier 1849, n'existait que pour la Seine. Le décret du 31 mars 1883 réorganisa complètement l'inspection de l'Assistance publique et la divisa en plusieurs catégories dont les attributions, bien définies, permettent un travail efficace. Celui du 4 novembre 1886 a enfin réuni les services épars au ministère de l'intérieur et en a fait une des cinq directions de ce ministère ; elle se divise en quatre bureaux, dont le deuxième s'occupe, en autres choses, du service des enfants assistés et de celui de la protection des enfants du premier âge. Enfin, tandis que le décret du 5 janvier 1889 rattache à cette direction une partie des services d'hygiène distraits du ministère du commerce, le décret du 14 avril 1888 institue un *conseil supérieur de l'assistance publique*. Ce conseil étudie toutes les questions relatives à l'organisation, le fonctionnement et le développement des différents modes et services d'assistance. Il comprend quatre sections, dont la première est chargée spécialement des services de l'enfance.

Néanmoins, malgré ces réformes, on attend toujours une loi générale qui détermine avec une netteté absolue les attributions de l'Assistance publique, stimule son zèle et arrête ses empiètements.

Les secours à domicile s'adressent spécialement aux

familles nécessiteuses qui ont des enfants. Désireuse d'enrayer les abandons qui d'ailleurs lui amèneraient un surcroît de dépenses, l'Assistance publique rattache à son service des enfants assistés les enfants des familles nécessiteuses. Elle a ainsi secouru en 1892 dans le département de la Seine, outre quelques mères dont elle a payé le rapatriement, 11.031 enfants. Ces secours qui durent au plus jusqu'à la troisième ou la quatrième année se divisent en deux catégories : *secours périodiques* donnés tous les mois et se montant de vingt à vingt cinq-francs quand l'enfant est nourri au sein, de quinze à vingt francs quand il est nourri au biberon ; *Secours non périodiques :* Allocations diverses en cas de misère momentanée, secours surtout pour permettre à la femme de mettre son enfant en nourrice, et, le gardant ainsi à sa disposition, de ne pas l'abandonner. Ces secours ont recu le nom de *secours aux filles-mères*, car la plupart de leurs bénéficiaires sont des filles qu'on encourage de toute façon à garder leurs enfants.

Les secours à domicile qui soutiennent environ 40.000 enfants en France ont produit, depuis leur apparition qui remonte à 1839, d'excellents résultats. Sans parler des effets moraux de la présence de l'enfant chez sa mère, et des nombreux mariages, qui parait-il ont ainsi uni les parents repentants, la mortalité infantile a baissé dans une grande proportion. Déjà en 1860 elle n'était que de 25 0/0, au lieu de 57 0/0 parmi les enfants hospitalisés. L'enfant, qui doit avoir été reconnu pour mériter un secours, est surveillé par l'inspecteur du service des enfants assistés sous la direction du préfet.

Mais l'Assistance publique vient surtout en aide aux filles-mères. Elle s'est bien mise depuis quelque temps aussi à aider quelques femmes légitimes qui vivent encore en ménage. Son but, il est vrai, est autre, car elle suppose la femme légitime soutenue par le salaire du mari, et si elle lui vient en aide, c'est seulement dans le cas de misère absolue qui pourrait entraîner un abandon. Le *bureau de bienfaisance*, dont l'origine remonte à la loi du 7 frimaire an V, est plus spécialement destiné à la famille nécessiteuse. Il est administré par une commission composée du maire, des adjoints et d'administrateurs non rétribués nommés par le préfet sur la proposition de l'Assistance publique. Des commissaires et des dames de bienfaisance les aident dans leur tâche, visitent ceux qui demandent des secours et font leur rapport à la commission. Là encore, les secours peuvent être périodiques ou momentanés. Ils sont donnés du reste aux pauvres de toute catégorie. Le budget des bureaux de bienfaisance est déjà, pour Paris seul, considérable. Il atteint cette année 10.171.219 francs, répartis entre de nombreux services : 486.000 francs pour prévenir les abandons, 520.000 francs pour accouchements, etc. L'administration n'en est malheureusement pas toujours excellente. De récents scandales nous ont appris à plusieurs reprises que les comptables de ces bureaux se souvenaient trop que charité bien ordonnée commence par soi-même. Puis la politique est intervenue dans la distribution de ces secours. L'Assistance publique se plaint en outre, sur ce point spécial des secours aux mères, que les bureaux de bienfaisance et ses propres services fussent souvent double emploi. Tandis que l'Assistance donne dans un cas identique 21 fr. 87 c. à la mère, le bureau ne donne que 9 fr. 16 c. De là des inégalités injustes. Néanmoins cette organisation produit de grands bienfaits. Elle réalise en partie cette amélioration si désirable, l'enfant conservé dans sa famille. Quelques perfectionnements suffiront à la rendre aussi bonne qu'on le peut désirer.

Quel que soit le nombre des familles nécessiteuses, les enfants ainsi secourus seront toujours, fort heureusement, le plus petit nombre. Si la misère est grande, au moins le paupérisme n'existe pas en France. Mais entre la misère et l'aisance, il y a d'infinies diversités de fortune. Dans la classe travailleuse où la femme comme l'homme se loue hors de chez elle pour un salaire, l'enfant est souvent une gêne aux heures de travail. L'abandonner à lui-même durant toute la journée est impossible. Le confier à des voisines qui souvent sont dans la même situation n'est guère plus praticable. C'est de là que naquirent les crèches. Leur origine est plutôt récente. Elle coïncide avec le développement de la grande industrie et la création de ces innombrables usines ou fabriques qui retiennent tout le jours les travailleurs. La crèche a pour but de recevoir les enfants dont les mères sont occupées durant la journée, sans distinctions d'occupations, et de leur donner les soins hygiéniques et moraux qu'ils réclament. Déjà en 1801, une *salle d'hospitalité* avait été fondée à Paris par la marquise de Pastoret pour les enfants au-dessous de quinze mois. Elle disparut bientôt. L'idée ne fut reprise que bien plus tard. M. Marbeau, adjoint au maire du premier arrondissement, avait été frappé de la lacune qui existait entre la société de charité maternelle instituée pour la femme en couches, et la salle d'asile, qui ne recevait aucun enfant au-dessous de deux ans. Il fonda à Paris un établissement pour y remédier, auquel il donna le nom de *crèche*. Cette première crèche, ouverte aux enfants depuis quinze jours jusqu'à trois ans, fut inaugurée le 14 novembre 1844. Elle répondait si bien à un besoin populaire que son succès fut rapide. Dès 1846, il y avait onze établissements semblables à Paris, d'où ils se répandirent bientôt dans toutes les grandes villes. Les crèches restèrent plusieurs années une pure institution de la charité privée. C'est là, du reste, la vraie charité. L'État ne doit point se substituer aux particuliers mais, lorsque leurs efforts lui semblent utiles, les protéger et leur fournir son aide. Des circulaires du ministre de l'intérieur, (14 mai 1849, 16 novembre 1852) encouragèrent le développement de ces établissements. Enfin le décret du 26 février 1862 leur donna une existence officielle, ainsi qu'aux sociétés de charité maternelle et aux salles d'asile, en les plaçant sous la protection de l'Impératrice. Peu après, le ministre de l'intérieur édicta à leur égard le règlement du 30 juin 1862.

En vertu de ce règlement les crèches sont divisées en crèches *approuvées* et en crèches *libres* ou *privées*. Toutes doivent être autorisées par le préfet et n'avoir que des locaux salubres et hygiéniques, contenant un cube d'air suffisant pour tous les enfants qui y seront gardés. La visite du médecin inspecteur est obligatoire. Mais des conditions plus sévères sont imposées aux crèches qui recherchent l'approbation du ministre de l'intérieur et qui en échange reçoivent une subvention. Elles sont obligées d'avoir un conseil d'administration composé de personnes des deux sexes et de tenir un registre des enfants qui leur sont confiés. Du reste un petit nombre seulement ont demandé cette autorisation. Quarante à peine la possèdent sur deux cents crèches qui existent actuellement en France.

L'enfant est gardé toute la journée à la crèche où sa mère l'apporte le matin et vient le reprendre le soir. La plupart des enfants sont nourris au biberon. Quelques mères peuvent venir allaiter leur nourrisson au milieu de leur travail, mais elles sont rares. La plupart de ces établissements perçoivent une légère rétribution qui est en moyenne de vingt centimes par enfant et par jour. On désire en effet ne pas changer le caractère des crèches, ni les transformer en de simples établissements de bienfaisance où serait faite l'aumône, toujours déplaisante pour ceux qui ne sont pas réduits à la misère.

L'extension des crèches qui fut très grande durant les trente premières années semble s'arrêter depuis quelque temps. Le nombre des journées de présence s'élève pour toute la France à un peu plus de douze cent mille. Étant donné que les crèches ferment le dimanche et que peu d'enfants leur sont régulièrement confiés chaque jour (la moyenne est d'ordinaire de soixante jours par an) cela implique un nombre d'enfants hospitalisés déjà satisfaisant. Mais il est en réalité peu important si l'on songe qu'il y a déjà trente ans on comptait, dans Paris seul, 75.000 femmes (ayant au moins 10.000

nourrissons) obligées de travailler hors de chez elles, et que le recensement de 1886 relève 1.073.142 ouvrières dont 119.238 avaient enfanté cette année-là. Les soixante-onze crèches qui existaient à Paris en 1890 et qui sont exactement divisées en trente-six congréganistes et trente-cinq laïques avaient hébergé quotidiennement en moyenne 1.316 enfants, tandis qu'elles pouvaient en recevoir 2.304. A peine plus de la moitié des places avaient été utilisées.

Plusieurs causes existent à cette sorte de défaveur de la crèche auprès du public — défaveur qu'il ne faudrait du reste pas exagérer. — Dans beaucoup d'entre elles les enfants illégitimes sont impitoyablement exclus. Toutes surtout ferment le dimanche, tandis que beaucoup de femmes sont obligées de travailler ce jour-là ou, malades, ne peuvent soigner leur enfant. Jamais, en outre, la crèche n'est ouverte la nuit, ce qui est encore un inconvénient, les femmes, malgré la récente loi du 2 novembre 1892 qui leur interdit le travail nocturne, étant fort souvent employées jusqu'à des heures tardives. Enfin la visite quotidienne du médecin n'existe d'ordinaire qu'en principe et les crèches ne présentent pas toujours l'hygiène nécessaire.

Ce mal, le dernier rapport du préfet de police le constate nettement pour Paris; il ne peut être que plus grand en province, où la surveillance est bien moins facile. « Il est certain, dit ce rapport, que la population ne recourt pas aux crèches avec autant d'empressement qu'on aurait pu le supposer et que ces établissements ne donnent pas l'ensemble des résultats qu'on aurait dû attendre. Créées à l'origine pour favoriser l'allaitement maternel en permettant aux mères de continuer à allaiter leurs enfants tout en travaillant, les crèches ont dégénéré insensiblement et se sont transformées en véritables garderies. Les mères préfèrent payer un peu plus cher et mettre l'enfant en nourrice ou le confier à une gardeuse de leur voisinage qui en prendra soin nuit et jour, y compris le dimanche, ce qui permettra à la mère, si elle est insouciante, de jouir complètement de sa liberté, ce qui lui assurera dans tous les cas la tranquillité de ses nuits et le repos que son labeur quotidien peut d'ailleurs lui rendre nécessaire. »

Sur plus d'un point, des perfectionnements seraient donc désirables et en somme faciles. On doit y tendre, car les crèches, malgré leurs défauts, n'en restent pas moins une institution excellente, qui fait une utile concurrence à l'industrie nourricière, à ces garderies surtout, où dans les quartiers pauvres une mégère réunit souvent plusieurs enfants dans un taudis. Mais les crèches ont des dépenses assez fortes. Le coût journalier de chaque enfant est d'environ 0 fr. 95 c., tandis que le profit ne s'élève qu'à 0 fr. 20. Soutenues par la charité privée, les crèches ne pourront jamais réaliser de grands bienfaits. Si modestes soient-ils, on ne doit pourtant pas les dédaigner.

Avant d'abandonner l'étude des secours offerts à l'enfant dans la famille nécessiteuse, il faut dire quelques mots des enfants malades que leurs parents doivent envoyer à l'hôpital. On sait les sacrifices incessants, que les communes, les grandes villes surtout, s'imposent à l'égard des souffrants. Le seul bienfait peut-être de la lutte entre l'esprit laïque et l'esprit religicux a été durant ce siècle d'exciter l'émulation du bien. Les bureaux de bienfaisance, grâce aux subventions des municipalités et surtout aux collectes publiques disposent d'un budget supérieur à 40 millions de francs. Les hospices et les hôpitaux dont la richesse n'était en 1789, que de 28 millions, en ont aujourd'hui plus de 110. Leurs recettes, en réunissant leurs revenus, subventions, dons ou legs se montaient en 1889 à 140.208.741 fr. Leurs dépenses ont été de 114.718.221 fr. pour un personnel de 36.579 médecins ou serviteurs, dont 11.155 religieuses, et un ensemble de malades se montant à 492.707.

L'enfance tient sa large part dans ces soins. Des hôpitaux lui sont consacrés spécialement, comme celui des Enfants Malades à Paris, auquel le peuple continue encore à donner son joli nom, l'Enfant Jésus, et qu'on a débaptisé par intolérance. Le nombre des jeunes hospitalisés en 1889 a été exactement de 58.798, la plupart soignés temporairement dans les hôpitaux, quelques-uns recueillis dans les hospices, quoique ayant encore leurs parents. S'il ne faut pas abuser des chiffres, il est bon parfois d'en mettre sous les yeux du lecteur pour lui montrer manifestement le bien qui s'accomplit. La plupart des enfants malades ont été guéris, 45.079 guérisons pour 6.512 décès. Les autres étaient soignés pour des infirmités incurables dans les hospices ou les asiles.

Il serait intéressant de décrire ces établissements et cette portion si utile de la charité publique. Mais outre que cette étude a souvent été faite, elle nous entraînerait trop loin. La plus grande partie des asiles ou hospices pour l'enfance rentrent dans les charges des communes. Ce sont les conseils municipaux qui les entretiennent. Chaque hospice, conformémeut à la loi du 22 janvier 1851 et au décret du 23 mars 1852 qui ont refondu les lois précédentes, reçoit les malades sans condition d'origine. Il est administré par une commission de cinq membres présidée par le maire et nommée par le préfet. Cette commission dispose des pouvoirs les plus étendus pour diriger l'établissement d'accord avec le conseil municipal et le préfet.

L'État entretient lui-même quelques établissements hospitaliers. Ce sont des établissements généraux au nombre de dix qui, sous le nom d'asiles nationaux ou d'institutions nationales, recueillent les ouvriers convalescents (asile du Vésinet et de Vincennes, les aliénés (maison nationale de Charenton), les aveugles (hospice national des Quinze-Vingts), enfin les jeunes infirmes.

La plupart de ces établissements de l'État sont en effet ouverts à l'enfance : l'Institution nationale des jeunes aveugles et celle des sourds-muets à Paris, celles des sourdes-muettes de Chambéry et des sourdes-muettes de Bordeaux. Ces asiles ont d'ordinaire une origine privée, comme Institution nationale des jeunes aveugles que Valentin Haüy fonda à Paris en 1784. Puis l'État voyant une utilité publique à les développer, les prit sous sa direction. L'ordonnance du 21 février 1841 les a placés sous l'autorité du ministre de l'intérieur. Chaque établissement a un directeur responsable et une commission consultative. Il est surveillé par les inspecteurs généraux de l'Assistance publique. L'état leur accorde, outre les domaines qu'ils ont reçus lors de leur création, des subventions qui se monteront en 1894 à 611.000 francs.

Ces asiles font travailler les enfants qu'ils recueillent et leur procurent une profession. Jusqu'à présent les jeunes aveugles, avec une touchante similitude, s'exerçaient tous au métier d'accordeur de pianos. On commence à y renoncer et à leur former des connaissances manuelles qui leur seront incontestablement plus utiles, à en faire de bons rempailleurs de chaises ou fabricants de brosses, plutôt que de faux artistes. On soigne aussi leur instruction générale et les jeunes aveugles ou les petits sourds-muets ont déjà produit plus d'un homme distingué. Malheureusement le nombre des places est restreint et c'est un rare privilège que d'être admis dans un de ces établissements. Ainsi la France compte environ 30.000 aveugles dont 25.000 dans l'indigence. Et cependant l'Institution nationale des jeunes aveugles n'en peut recevoir que trois cents.

Il n'y a pas lieu toutefois, sur ce terrain, de se décourager. Si le mal augmente avec la misère et la maladie, le bien augmente aussi dans une proportion plus grande encore peut-être, tout au moins à l'égard des hospitalisés. Ce que l'on pourrait regretter davantage, c'est l'esprit qui semble animer aujourd'hui la bienfaisance publique, cette sorte d'épilepsie antireligieuse qui gagne tant de conseillers municipaux. De rares esprits peuvent abandonner les convictions et les méthodes religieuses, parce qu'ils se forgent toujours un autre idéal, scientifique ou philanthropique. Mais l'enfance a besoin d'une éducation d'où la religion, quelle qu'elle soit, catholique, protestante ou israélite, ne soit pas bannie.

Nous retrouverons du reste cette question à l'école. On peut se féliciter, malgré tout, des progrès déjà accomplis dans les hôpitaux et les hospices, à condition, il est vrai, de sentir encore plus nettement le besoin d'en réaliser de nouveaux.

CHAPITRE IV

La Famille négligente ou vicieuse. Attentats sur les enfants, Mendicité et prostitution enfantines. Loi du 7 décembre 1874. — Déchéance de la puissance paternelle. Loi du 24 juillet 1889.

Jusqu'ici nous avons étudié surtout l'enfant dans une condition, en somme, supportable. Si sa famille le met en nourrice, ou est obligée de s'adresser à la charité publique pour l'élever, au moins songe-t-elle à lui, désire-t-elle son bien et, en général, l'aime-t-elle. Mais il n'en est pas toujours de même. Le plus grand obstacle au bon fonctionnement d'une société n'est pas tant le mal physique que le mal moral, la misère que le vice. L'enfant maltraité, exploité, abandonné, a dû attirer aussi et plus qu'aucun autre l'attention du législateur. On n'a pas besoin de répéter le vers latin, que citent un peu trop souvent les directeurs de sociétés protectrices et les amis de l'enfance : *Maxinia debetur puero reverentia*. Il va de soi qu'à l'âge où les idées morales apparaissent, pour ne pas dire qu'elles se créent, à l'âge où le corps encore en formation peut moins bien résister aux mauvais traitements, à l'âge enfin où la raison à peine développée abandonne l'être à toutes les influences, une protection plus spéciale s'impose. Elle ne date pourtant que de ces dernières années. Les progrès ont été lents à réaliser ; ils ont fini par l'être.

Dès la constitution de notre droit pénal, on accorda toutefois à l'enfance la protection qu'elle réclamait, mais restreinte encore. Les crimes généraux contre les individus, assassinat, empoisonnement, coups et blessures étaient réprimés aussi bien contre l'enfant que contre l'adulte. Mais les délits plus spécialement commis contre l'enfance appelèrent des peines plus fortes. J'ai déjà montré, lors de la naissance, les sévères châtiments attachés aux avortements, aux infanticides, aux abandons. Il est une sorte de délit qui ne se commet plus guère, mais était autrefois assez fréquent, du temps que les voleurs d'enfants pullulaient en France et que la grande crainte était d'être tenu « en chartre privée » : c'est l'enlèvement des mineurs, qui consiste, le nom l'indique, à arracher par fraude ou violence l'enfant du lieu où l'avaient placé ceux qui ont autorité sur lui. La réclusion punit ce délit (C. P. art. 354). Si l'enfant enlevé est une fille de moins de seize ans, et que l'on puisse supposer, comme dans les drames, que son intégrité en souffrira, la peine est celle des travaux forcés à temps, même si la jeune fille a suivi volontairement son ravisseur. Seulement la loi a fléchi sur un point : au cas où le mariage serait survenu, la poursuite ne pourrait avoir lieu que sur la plainte des parents qui ont le droit de demander la nullité du mariage et une fois cette nullité prononcée. On estime en effet que l'honneur de la jeune personne n'a pas été plus endommagé que si le mariage s'était accompli avant.

Les enlèvements de mineurs sont infiniment rares. Ils florissaient surtout jadis. Aujourd'hui ils sont tombés en désuétude ou, en tous cas, les familles ne se soucient guère de les proclamer. C'est malheureusement tout le contraire pour les attentats à la pudeur sur les enfants. Les dispositions sévères du Code semblaient promettre une diminution rapide. Loin de là les viols à eux seuls ont triplé. Depuis quelques années on pourrait croire à lire les statistiques criminelles qu'ils ont diminué. De 622 en 1885, ils sont tombés à 556 en 1890. Mais cela vient en réalité de la préoccupation constante qu'ont les parquets d'enlever ces affaires aux Cours d'assises pour les donner aux tribunaux correctionnels, plus rapides, plus sévères, aussi, car les peines de 1810 paraissent disproportionnées aujourd'hui ; trop souvent, le jury acquitte pour ne pas faire prononcer une peine qui lui paraît démesurée. Les attentats sur l'enfance ne diminuent qu'en apparence et, pour employer le barbare style juridique, par la correctionnalisation sans cesse grandissante des crimes.

La protection pénale de l'enfance, sur ce point-là, est pourtant, je le répète, minutieusement établie. Le Code n'a pas cru accorder trop de protection aux mineurs, que leur faiblesse rend plus aisément victimes de ce goût de l'ignoble qui restera toujours le fond de l'humanité. Le viol est puni des travaux forcés à temps, et encourt le maximum de la peine, soit vingt ans de travaux forcés, si la victime avait moins de quinze ans. Tout outrage public à la pudeur entraîne un emprisonnement de trois mois à un an. Consommé sur un enfant de moins de onze ans, il attire à son auteur la réclusion, au cas où il a été accompli sans violence. Si la violence s'en est mêlée, ce sont les travaux forcés à temps qui seront appliqués. Enfin les travaux forcés sont prononcés à perpétuité, lorsque l'attentat a été commis par un ecclésiastique, un maître de l'enfant et plus généralement par quiconque a autorité sur lui. Les crimes contre la pudeur pour ainsi dire physique, contre la personne ne sont pas les seuls à craindre. Tel enfant pourra être plus irrémédiablement perdu par des exemples, des conseils immoraux, que par une violence matérielle et souvent passagère. Les entremetteuses sont plus funestes que les brutes. L'excitation à la débauche ou à la corruption doit être impitoyablement réprimée. Le Code a su ne pas trop restreindre ce délit et le rendre passible jusqu'à vingt-un ans. Mais il n'a pas été assez sévère dans les peines. Quiconque favorise ou facilite habituellement la prostitution ou la corruption des enfants est puni de six mois à deux ans d'emprisonnement. La peine est portée jusqu'à cinq ans au cas trop fréquent où ce sont les parents, tuteurs, surveillants qui ont accompli le mal. Des déchéances frappent en outre les coupables. Ils ne peuvent faire partie pendant plusieurs années de conseils de famille ou recevoir de tutelle. Si ce sont les parents eux-mêmes, les droits de la puissance paternelle leur sont en outre enlevés. C'est la première trace de la déchéance paternelle que nous retrouverons bientôt définitivement organisée. Toutes ces peines sont-elles bien efficaces ? On en pourrait douter, à voir la proportion des attentats contre l'enfance parmi les divers crimes. Les viols, qui sont dix fois moindres sur les adultes que sur les mineurs, incapables d'ordinaire de se défendre, comptent pour plus d'un tiers dans l'ensemble des crimes contre les personnes. Puis, le Code a limité trop tôt la période durant laquelle les attentats à la pudeur consommés sans violence sur un mineur sont punis de la réclusion. A partir de onze ans l'enfant ne reçoit plus sur ce point de protection spéciale. Et pourtant c'est à quinze ans à peine que la résistance morale autant que physique lui devient possible. Le châtiment de l'excitation à la débauche est encore trop faible. Notre Code pénal craque de tous les côtés. Son idée maîtresse, qui est celle de notre droit tout entier, la défense de la propriété, lui a fait oublier que l'honneur est lui aussi un bien de quelque importance. A ces peines prononcées contre des attentats aussi graves, il faut ajouter quelques dispositions particulières concernant des faits moins dangereux. « Quiconque aura abusé des besoins, des faiblesses ou des passions d'un mineur, dit l'article 406 du code pénal, pour lui faire souscrire à son préjudice des obligations, quittances, ou décharges pour prêt d'argent ou de choses mobilières ou d'effets de commerce, ou de tous autres effets obligatoires, sous quelque forme que cette négociation ait été faite ou déguisée, sera puni d'un emprisonnement de deux mois au moins et de deux ans au plus et d'une amende qui ne pourra excéder le quart des restitutions et des dommages-intérêts qui seront dus aux par᠎ues lésées, ni être moindre de vingt-cinq francs. » Les usuriers sont rares, il est vrai, et n'exploitent que peu de jeunes gens. Ce qui est plus important, c'est de lutter contre l'abus des boissons alcooliques chez les enfants. L'alcoolisme se répand chaque jour davantage et les enfants du peuple, habitués à voir s'enivrer leurs parents, risquent souvent de suivre leur exemple. La loi du 23 janvier 1873, qui a essayé, en vain d'ailleurs, de réprimer l'ivresse publique et de combattre les progrès de l'alcoolisme, a consacré quelques mesures prohibitives au sujet des enfants. Tout débitant convaincu d'avoir servi des liqueurs alcooliques à des mineurs âgés de moins de seize ans sera puni d'une légère amende. Un emprisonnement de six jours à un mois frappe quiconque a fait boire jusqu'à l'ivresse un enfant. Mais ces maux n'ont pas une gravité inquiétante. La débauche est surtout le danger de l'enfance négligée ou maltraitée.

La question de la prostitution enfantine se lie intimement à celle de la mendicité. On ne peut guère les étudier isolément. Je sais la délicatesse de ces sujets, et comme il est difficile de tout décrire. Mais je crois qu'il est des cas où il faut hardiment montrer le mal pour trouver le remède, et que trop fermer les yeux sur les « plaies sociales » est une délicatesse dangereuse.

L'enfant peut non seulement être négligé par ses parents, qui le laissent exposé à tous les attentats (car le plus souvent c'est l'enfant mal surveillé qui en est victime), il peut aussi être exploité par eux. C'est la

mendicité de l'enfance, qui, je l'ai déjà dit, a comme
corollaire immédiat, au moins pour les petites filles,
la prostitution. Des études réce...es ont montré, sans
réfutation possible, la hideur et l'étendue du mal.
Sûrs d'une impunité qui leur paraissait éternelle, les
exploiteurs de l'enfance ne se gênaient plus dans leur
métier, quand enfin plusieurs membres de l'Assemblée
nationale demandèrent la réglementation des professions ambulantes dont chacune emploie des enfants.
Le Code punissait déjà la mendicité, mais sur ce
point il était insuffisant, car la mendicité revêt des
formes innombrables. Le mendiant poursuivi pouvait
toujours se couvrir d'une profession quelconque et représenter l'enfant qu'il faisait mendier comme l'aidant
à son métier, au même titre qu'un apprenti ou qu'un
simple aide, lié par un contrat de louage. Ces professions sont connues. Ce sont les acrobates, les saltim-
banques, les joueurs d'orgue qui répandent dans les
campagnes les beautés des opéras italiens, les mon-
treurs d'animaux, les directeurs de cirque. En 1872, on
comptait plus de 5.000 de ces individus. Paris avait
600 joueurs d'orgues ou chanteurs autorisés par la
préfecture de police. Tous ces mendiants déguisés ont
des enfants avec eux. Ces derniers sont souvent italiens
et jouent en apparence de l'accordéon. M. Tallon, rapporteur du projet déposé en 1874, donne des détails
irréfutables sur leur compte. « C'est, dit-il, la Basilicate
qui fournit aujourd'hui les neuf dixièmes de ces petits
malheureux. Les choses se passent régulièrement et le
plus souvent devant notaire : c'est la traite des blancs.
Un exploiteur parcourt les villages, recueille les enfants

qu'on veut bien lui remettre et les prend à bail, ordinairement pour trois ans. Tout ce que ces enfants gagnent, n'importe où, pendant ce laps de temps, lui appartient et en échange il donne à la famille une somme définitive ou une somme annuelle. Il est impossible d'y mettre plus de naïveté et de bonne foi. Un père loue son fils comme il louerait un champ. L'enfant est un capital dont le produit appartient légitimement au père. » M. Tallon, évaluant à 700 le nombre des petits mendiants italiens errants dans Paris, estimait que la moitié mouraient annuellement.

J'ai parlé de ces petits italiens, parce que leur exploitation, organisée et presque officielle, permet de saisir sur le vif les procédés de la mendicité enfantine. Mais combien d'autres enfants mendient par centaines dans les villes, sans être venus de l'étranger. L'assemblée nationale, reconnaissant le besoin d'un prompt remède et traitant avec raison de mendicité déguisée la plupart des métiers ambulants, estimant en tous cas qu'ils démoralisent toujours l'enfant, vota la loi du 7 décembre 1874.

Cette loi, dite « loi sur les enfants employés dans les professions ambulantes », interdit formellement leur emploi dans ces professions avant l'âge de seize ans.

Celui qui les emploierait auparavant serait puni de six mois à deux ans d'emprisonnement. Une peine semblable frapperait les parents qui auraient loué leur enfant. L'emploi à la mendicité d'un mineur du même âge est également prohibé et puni. Tout saltimbanque, directeur de cirque, etc., doit posséder l'acte de naissance de l'enfant qu'il emploie, la preuve de son identité et de son origine et présenter ces pièces aux autorités des communes où il veut donner des représentations. Enfin, et c'était là une innovation importante, la déchéance paternelle devait être prononcée contre les parents coupables des délits réprouvés par la loi nouvelle.

Malheureusement la loi du 7 décembre 1874 n'a produit presque aucun résultat. La seule répression efficace qu'elle édictait, la déchéance de la puissance paternelle, n'avait pas été suffisamment étudiée. Elle ordonnait d'enlever l'enfant aux parents qui l'exploitent ; mais elle avait omnis de pourvoir au soin des enfants ainsi soustraits aux influences perverses. « Par cet oubli, la loi est restée presque sans application, quoique les occasions de l'appliquer n'aient pas manqué. La justice s'est trouvée dans un véritable embarras pour le placement des enfants et sa meilleure ressource a été de condamner à l'éducation correctionnelle un enfant qui n'avait en réalité aucun délit à sa charge. » (Th. Roussel).

La mendicité générale suit une progression constante. Les tableaux du ministère de la justice le prouvent nettement. Le nombre des affaires de mendicité jugées de 1885 à 1890 a été en 1885, 10.013 ; en 1886, 12.495 ; en 1887, 12.462 ; en 1888, 12.675 ; en 1889, 13.145 (cette dernière année, il est vrai, a été influencée par l'Exposition universelle, foire des mendiants et des voleurs de toutes sortes) ; en 1890, 13.429.

L'enfance a tenu sa place dans ces poursuites. Son exploitation est organisée minutieusement. Un médecin qui ne se laisse pas aller à la sensiblerie, M. le docteur L. Petit, donnait dernièrement dans une conférence populaire des détails sur l'industrie du cul-de-jatte. On le fabrique surtout en Espagne, à Tolosa près de St-Sébastien, d'où on l'exporte en France. « Des entrepreneurs, dit-il, parcourent les campagnes à la recherche des enfants infirmes ; ceux qui ont les pieds bots font prime. On prend l'enfant à sept ou huit ans et on le mène chez le fabricant de culs-de-jatte, sorte de rebouteur à rebours, qui en deux mois de traitement se charge de recroqueviller, d'atrophier, de dessécher les deux jambes et d'en faire ces affreux moignons qui font pleuvoir les gros sous. Tous les ans ans, le barnum rassemble sa caravane. L'invasion des petits chariots franchit les Pyrénées et s'avance à petites journées, razziant le midi de la France jusqu'à Paris, où elle arrive pour la foire aux pains d'épices. Chaque soir, la recette est centralisée entre les mains du patron, les parents reçoivent tous les mois une petite rente, 15 à 30 francs, selon les performances et les succès du petit atrophié. C'est un vrai placement de père de famille. Le métier doit être bon, puisqu'en 1887 le ministère de l'intérieur, qui a tenté de s'opposer à cet odieux trafic, évaluait à 400 le nombre de ces éclopés expédiés d'Espagne tous les ans. »

Une autre industrie, encore plus importante, n'est pas moins fortement établie. C'est celle des petits ramoneurs savoyards. Pendant longtemps, ils n'avaient guère été envisagés qu'au point de vue pittoresque. Avec leur marmotte sur le dos et leur figure barbouillée de suie on leur trouvait un air original. Voltaire leur consacrait déjà quelques-uns de ses versiculets, que nos pères récitaient avec admiration :

> Ces honnêtes enfants
> Qui de Savoie arrivent tous les ans
> Et dont la main légèrement essuie
> Ces longs canaux engorgés par la suie.

On ne fait plus guère de poésie sur leur compte, mais on fait mieux et l'on dévoile le mal. Déjà en 1873, M. Tallon estimait qu'il sort annuellemeut de Savoie, pour venir ramoner et surtout mendier à Paris, 300 patrons et 1.200 enfants. Un juge de paix de Savoie, M. Cornillat, a décrit récemment dans ses moindres détails cette industrie, telle qu'elle se pratique dans le cauton de la Chambre où une population de 9.000 habitants fournit à elle seule 250 petits garçons de 6 à 13 ans. La misère des parents en est la principale cause. Pour la faire disparaître, il faudrait encourager l'industrie locale. Mais la cupidité joue aussi son rôle. La location a lieu d'ordinaire en septembre pour l'hiver entier jusqu'au mois d'avril. Pour un enfant de 6 à 10 ans, elle varie entre 50 et 100 francs ; au-dessus de cet âge, le prix augmente, il atteindra même 200 francs si l'enfant a déjà voyagé. Le marché conclu, on rédige un billet qui en fera foi. En voici un échantillon : Je soussigné B... Pierre, déclare et certifie avoir loué à M. V... Albert, de St-Georges, son fils Pierre âgé de onze ans, pour faire le ramoneur pendant six mois, c'est-à-dire à partir du commencement du mois de novembre 1889 jusqu'à la fin avril 1890. Et je m'engage à payer à M. V... la somme de 90 francs pour le salaire de cet enfant, en venant lui rendre celui-ci, moyennant qu'il fasse mon service. »

Les contestations naissent sans cesse, bien entendu, entre le père et l'entrepreneur. Ainsi ce maître qui refusait de payer le prix convenu, parce que, selon lui, une maladie de l'enfant avait nécessité son transport en chemin de fer, que dès lors, il n'avait pu mendier en route et avait fait perdre ainsi un bénéfice à son maître qui en demandait réparation. Les tribunaux condamnent ces entrepreneurs quand de mauvais traitements ont été manifestement exercés sur l'enfant, mais autrement ils ne peuvent rien faire.

Tout cela n'est rien encore auprès de la mendicité pratiquée dans les grandes villes avec des enfants qui en sont originaires. M. Georges Berry l'a montré en 1892 dans son rapport au Conseil municipal de Paris. Il a fait défiler ces catégories innombrables de nourrissons portés dans les bras des mendiantes et payés plus chers la nuit que le jour, par le mauvais temps surtout, où ils apitoyent davantage les passants ; de petites marchandes de fleurs ou de journaux dont le métier ne sert qu'à déguiser la profession véritable. M. Berry évalue à 40.000 le nombre des enfants qui ont été ainsi jetés dans les rues de Paris depuis dix ans. Ce trafic se pratique dans des maisons honorablement connues des mendiants et situées pour la plupart dans le quartier du Panthéon. Je ne veux pas m'étendre davantage sur ce sujet. Des ouvrages spéciaux l'ont déjà présenté au public, celui de M. Yves Guyot sur la prostitution, le récent ouvrage de M. Paulian « Paris qui mendie » ; mais j'ai voulu indiquer tout au moins l'étudue du mal, auquel la loi du 7 décembre 1874 ne porte presqu'aucun remède.

L'essai tenté par le législateur de 1874 a été heureusement repris et cette fois il a abouti. Je veux parler de la loi du 24 juillet 1889 sur la déchéance de la puissance paternelle. Elle laisse certains points particuliers, comme la mendicité enfantine, dans l'ombre. Mais en somme si l'enfant est maltraité ou exploité, la faute en revient toujours à ses parents qui auraient dû lui donner l'aide et le secours que le Code leur prescrit implicitement quand il leur donne autorité absolue sur eux. En frappant les parents de l'enfant maltraité, la loi de 1889 a fait œuvre efficace et juste. Le principe en fut long à triompher. La constitution de la famille, qui dans toute société est la base même du droit, était imprégnée de la vieille idée romaine, l'omnipotence du père sur l'enfant. La puissance paternelle était envisagée uniquement comme un droit résultant pour les parents du fait de la génération. En 1804, le droit reconstitué resta semblable, quant à la puissance paternelle, à nos anciennes institutions. Cependant l'article 335 du Code pénal indiquait déjà un cas où les parents pouvaient être déchus de leurs droits sur l'enfant qu'ils avaient excité à la corruption. Mais il oubliait de déterminer la situation ainsi faite à l'enfant et à qui serait déléguée l'autorité paternelle. Peu à peu les principes constitutifs de la famille se modifièrent avec l'idée générale du droit. Le droit romain perdit de son prestige. Du reste, dans son dernier état aussi, à l'époque des Institutes, de grandes restrictions n'avaient-elles pas été apportées à la puissance paternelle, au droit de vie et de mort du père sur l'enfant, par exemple ? Il en fut de même chez nous. A mesure que l'intérêt social se substitua à la vieille théorie du droit naturel, il parut plus nécessaire de restreindre les dangers d'une puissance paternelle sans limites. On en était réduit, il est vrai, à des expédients et la jurisprudence, par un procédé théoriquement mauvais, se servait du principe de l'article 302, composé en vue du divorce, pour arracher l'enfant à l'époux qui le maltraitait. Mais avec le temps ce moyen même était devenu insuffisant. Les œuvres protectrices de l'enfance s'étaient multipliées. En 1884 on en portait le nombre à 1.110, établissements publics, hospices, asiles, orphelinats qui recueillaient des milliers d'enfants négligés ou abandonnés. Or, ces établissements n'avaient légalement aucun droit sur leurs protégés. Seuls les enfants abandonnés, de parents inconnus, étaient placés sous la tutelle de l'Assistance publique. Les autres restaient dans une situation précaire. L'exposé des motifs de la loi de 1889 le déclare en ces termes : « Un père obtient l'admission de son enfant dans un établissement de bienfaisance. L'enfant est trop jeune pour se livrer à un travail productif, il constitue donc une charge. Il grandit, il est pourvu d'une instruction élémentaire, il devient au sens économique du mot une valeur ; c'est alors qu'il est réclamé par son père. L'œuvre oppose à ce dernier un engagement qu'il a souscrit : le père en effet s'est engagé à laisser l'enfant dans l'établissement jusqu'à la majorité ou à rembourser à l'œuvre le montant des frais d'entretien et d'éducation. L'engagement est dans la forme d'une régularité irréprochable. Le père, s'il retire l'enfant, devient débiteur de l'établissement ; mais fût-il insolvable, la personne de l'enfant ne saurait être le gage de la créance. L'œuvre gagnerait le procès et perdrait l'enfant. Pourquoi plaiderait-elle ? Dans l'état actuel de notre législation le juge ne peut pas ne pas ordonner la remise de l'enfant au père, si indigne que soit ce père. Heureux encore, cet enfant, quand il ne sera qu'exploité. S'il s'agit d'une jeune fille le danger est terrible. »

La réforme était donc nécessaire, mais elle était délicate. On reconnaissait bien que la puissance paternelle entraîne autant de devoirs que de droits, sinon davantage. On admettait également de tous les côtés que, dans l'intérêt même de la société, il fallait armer celle-ci contre les mauvais parents. C'était sur le terrain de l'application pratique que les divergences, éclataient. Si l'on voulait réprimer les abus de la puissance paternelle, il ne fallait pourtant pas affaiblir celle-ci, et sur la moindre dénonciation d'une âme sensible, poursuivre des parents peut-être trop sévères, mais non dénaturés.

Cette agitation aboutit enfin. Tandis que le Conseil Général de la Seine aidait l'Assistance publique à ouvrir, dès le 1er janvier 1881, un nouveau service des enfants moralement abandonnés, service que j'étudierai plus loin au sujet des enfants assistés, un projet de loi était déposé au Sénat le 27 janvier 1881 par MM. J. Simon, Béranger, Th. Roussel. Il réclamait une restriction de la puissance paternelle. Le 5 décembre 1880, un arrêté ministériel avait créé une commission extra-parlementaire « chargée d'étudier les dispositions susceptibles d'être proposées aux Chambres, relativement aux cas de déchéance de la puissance paternelle, ainsi que la situation légale des enfants indigents ou abandonnés. » Cette commission condensait ses travaux en un projet de loi soumis au Sénat par le gouvernement, le 8 décembre 1881. Enfin, la commission sénatoriale déposait à son tour un troisième projet. Cela nous entraînerait trop loin, sans grande utilité, de refaire l'historique de la loi de 1889. Adoptée par le Sénat en 1885, après de vives critiques sur sa confusion et ses contradictions, sur le rôle prépondérant surtout qu'elle attribuait à l'administration, la loi fut révisée par le Conseil d'État et le Conseil supérieur de l'assistance publique. Elle fut votée enfin sous sa forme définitive et promulguée le 24 juillet 1889. Une circulaire du ministre de l'Intérieur, le 16 août 1889, une autre du ministre de la Justice, le 21 septembre 1889, vinrent en expliquer le maniement.

Divisée en deux titres, qui comptent ensemble vingt-six articles, la loi de 1889 porte le nom exact de « loi sur la protection des enfants maltraités ou moralement abandonnés. » Son but est donc général, et c'est ce qui fait du reste son utilité. Avec les lois, encore incomplètes malheureusement, sur les enfants assistés, elle forme le véritable Code de l'enfance malheureuse. Elle détermine d'abord le cas où la puissance paternelle sera enlevée aux parents. Cette déchéance, qui est absolue et ne laisse subsister que l'obligation alimentaire imposée entre enfants et parents par les articles 205, 206 et 207 du Code Civil, est de deux sortes. Elle a lieu, soit de plein droit, soit selon la volonté du juge.

La déchéance est prononcée de plein droit, forcément :
1° Si les parents sont condamnés pour avoir excité leurs enfants à la débauche ; 2° S'ils sont condamnés comme auteurs, co-auteurs ou complices d'un crime commis sur la personne d'un ou de plusieurs de leurs enfants ; 3° S'ils ont encouru deux condamnations pour un délit semblable ; 4° Enfin s'ils ont été condamnés deux fois pour excitation habituelle de mineurs à la débauche. La déchéance est alors générale, elle est prononcée à l'égard de *tous* les enfants des coupables, même de ceux auxquels ils n'ont pas cherché à nuire.

La déchéance n'est que facultative dans des cas moins graves, mais qui rendent toutefois dangereux pour l'enfant le commerce de parents indignes. Ainsi le tribunal peut la prononcer lorsque le père ou la mère ont encouru une condamnation aux travaux forcés, deux condamnations pour attentat contre un nouveau-né ou vagabondage, une condamnation pour ivresse, excitation de mineurs à la débauche, enfin quand, même en l'absence de toute condamnation, leur inconduite est notoire, leur ivrognerie habituelle, ou qu'ils se livrent sur l'enfant à de mauvais traitements répétés.

Pour que l'action de la loi fût efficace, il fallait que les poursuites fussent possibles à un grand nombre d'intéressés, et non pas seulement au ministère public. Celui-ci conserve naturellement son droit de poursuite. Mais l'action en déchéance peut aussi être intentée devant le tribunal du domicile ou de la résidence des père et mère, par les proches parents du mineur jusqu'au degré de cousin germain. Il eût été mauvais de permettre au premier venu de poursuivre. Mais c'est rendre plus forte encore la famille que de donner à ses principaux membres, dans l'intérêt même du mineur, un droit de contrôle sur les parents.

Dans des matières aussi délicates, il serait souvent nuisible aux intéressés, à la société elle-même que la poursuite eût lieu publiquement, que les débats se produisissent trop au grand jour. Le tribunal étudie donc l'affaire en chambre du conseil, et prend l'avis du conseil de famille. Mais le jugement est prononcé en audience publique afin d'en retirer une autorité plus grande. Pendant l'instance, toute mesure provisoire sur la garde et l'éducation de l'enfant peut être prise par le tribunal.

Le jugément de déchéance est devenu définitif. Le père ou la mère frappé par le tribunal n'a plus aucune autorité sur l'enfant. Au point de vue civil, à part l'obligation alimentaire, la parenté est supprimée. Mais cela ne suffit pas. Il s'agit maintenant de régler la situation de l'enfant ainsi protégé et de lui constituer une nouvelle famille. C'est le défaut de cette organisation qui, je l'ai montré, avait été la pierre d'achoppement de la loi sur les enfants employés dans les professions ambulantes. La loi de 1889 y a pourvu, au contraire, et si son système n'est pas parfait en tout point, il a été du moins combiné avec assez de soins pour rendre dès ses débuts la loi applicable et efficace.

Si l'enfant est sous l'autorité de son père et de sa mère, c'est le père, en tant qu'exerçant seul l'autorité paternelle durant le mariage, qui sera déchu. Mais la mère n'est pas forcément indigne. Les droits de la puissance paternelle peuvent être transmis à la mère qui les exerce alors comme dans la tutelle légale. L'appréciation du tribunal est souveraine. Il peut refuser la tutelle à la mère. La loi de 1889 est même allée trop loin dans ce sens. L'avant-dernier paragraphe de l'article 9 dit en effet : « Dans le cas de déchéance facultative, le tribunal qui la prononce statue par le même jugement sur les droits de la mère, à l'égard des enfants nés et à naître, sans préjudice, en ce qui concerne ces derniers, de toutes mesures provisoires à demander à la chambre du conseil, dans les termes de l'article 5, pour la période du premier âge. » En un mot, on pourra enlever à une femme, au nom de la loi, l'enfant qu'elle vient de mettre au monde. C'est une exagération visible, dont l'enfant souffrirait le premier.

Le plus souvent, les parents ne valent pas mieux l'un que l'autre. L'enfant pour être efficacement protégé ne doit pas être laissé à la mère qui reste unie au père et continuera sans doute avec lui ses relations. Plusieurs mesures sont alors à la disposition du tribunal.

Il peut d'abord instituer à l'enfant une tutelle de droit commun, c'est-à-dire qu'un tuteur lui sera nommé de la même façon que si ses parents étaient morts et aura sur lui les mêmes droits. Mais le cas est rare. L'enfant que l'on doit arracher à ses parents n'a d'ordinaire pas dans sa famille de personne plus intéressante. La plupart des enfants maltraités sont des enfants du peuple où les charges sont déjà assez lourdes pour qu'on évite d'en accepter de nouvelles.

Or, contrairement à la tutelle ordinaire, celle-là n'est pas obligatoire. Il faut donc s'adresser à la charité publique ou privée.

En règle générale, quand ni tutelle légale de la mère ni tutelle dative ordinaire n'a été établie, l'enfant devient le pupille de l'Assistance publique qui a sur lui tous les droits du tuteur et par conséquent les mêmes charges. Mais le but de la loi, dans sa rédaction définitive, n'a pas été d'augmenter encore les attributions de l'Assistance. Bien au contraire, elle a voulu venir en aide à la bienfaisance privée qui souffrait plus que tout autre de la législation antérieure. L'Assistance peut tout d'abord, et c'est ce qu'elle fait généralement, confier l'enfant à d'autres établissements ou à un particulier. Elle reste libre alors de le reprendre quand il lui plaît. Pour donner à cet enfant une condition plus stable, la tutelle officieuse a été grandement facilitée dans les cas de déchéance. A. 13 « Pendant l'instance en déchéance, toute personne peut s'adresser au tribunal par voie de requête afin d'obtenir que l'enfant lui soit confié ». Le tribunal prend des renseignements sur le requérant, et s'il y a lieu, l'avis du conseil de famille de l'enfant. S'il accepte la requête, l'enfant est confié au particulier qui s'engage, comme dans la tutelle officieuse, à « nourrir le pupille, l'élever, le mettre en état de gagner sa vie. » (Code Civil, art. 364, § 2.) La même faveur peut être accordée à toute personne à laquelle l'Assistance a confié l'enfant depuis trois ans. Il est seulement regrettable que dans une pensée d'hostilité envers les associations, dont beaucoup sont religieuses, la loi ne leur ait pas accordé la même faculté. Elle exige pour que les droits paternels leur soient délégués qu'elles aient reçu du gouvernement, à cet effet, une autorisation générale.

Nous n'avons encore étudié que les cas les plus fréquents de déchéance, ceux où il y a action intentée contre les parents, et déchéance prononcée immédiatement.

Mais d'autres espèces peuvent se produire et qui intéressent spécialement les établissements charitables : c'est lorsque l'enfant a été recueilli après avoir été délaissé par ses parents, c'est aussi lorsque les parents l'ont confié eux-mêmes à une œuvre ou à des particuliers, et qu'il s'agit de parer à toute manœuvre de leur part contre le protecteur de l'enfant. La loi de 1889 s'en est occupée spécialement dans son titre II : « De la protection des mineurs placés avec ou sans l'intervention des parents. »

L'enfant a été recueilli par l'Assistance publique, par un particulier, enfin par une association de bienfaisance. On peut toujours craindre ce retour intéressé des parents, que j'indiquais plus haut et qui s'exerce surtout à l'âge où l'enfant devient grand, où il va fournir un travail lucratif. A condition de se conformer aux prescriptions légales, ceux qui l'ont recueilli ont maintenant un moyen de défense. Il faut, dès qu'ils ont pris sous leur protection un mineur de seize ans, qu'ils en fassent déclaration dans les trois jours au maire de leur commune ou au commissaire de police de leur arrondissement, sous peine d'amende. La déclaration, transmise au préfet, est alors notifiée dans les quinze jours aux parents.

Si ceux-ci aiment vraiment l'enfant, il le reprendront. C'est le plus souvent par indifférence qu'ils l'ont laissé dans le dénuement, car s'ils en tiraient profit, ils ne l'auraient pas abandonné. Aussi peut-on supposer, quand ils sont restés trois mois sans réclamer le mineur, qu'ils ne lui prêtent aucun intérêt. Celui qui l'a recueilli doit alors adresser une requête au tribunal de son domicile « afin d'obtenir que dans l'intérêt de l'enfant l'exercice de tout ou partie des droits de la puissance paternelle lui soit confié. » Le tribunal est libre de repousser la requête ou de l'accepter, pour tout ou partie de la puissance paternelle. Les droits qui ne seraient pas confiés à ce particulier, celui d'émancipation, ou de consentement au mariage, par exemple, sont dévolus à l'Assistance publique. Mais par une disposition de la loi que j'ai déjà critiquée, les associations de bienfaisance, pour pouvoir présenter une requête semblable, doivent être régulièrement autorisés à cet effet. Trois associations seulement le sont encore. Celle de Bordeaux, celle de Dijon et, à Paris, l'Union pour le sauvetage de l'enfance qui, déclarée d'utilité publique par décret du 28 février 1891, fait un bien toujours plus grand. Les autres se contentent de tenir leurs enfants de l'Assistance publique et même trop souvent négligent d'obéir à la loi.

Une autre hypothèse est encore possible. C'est même le cas le plus fréquent. Les parents, sans maltraiter ou négliger absolument leur enfant, le laissent parfois dans une situation matérielle ou morale nuisible. Une œuvre protectrice, une personne charitable même demande aux parents de le lui confier. Ceux-ci peuvent lui transmettre leurs droits sur l'enfant. Mais il faut que le tribunal ait été saisi de la question et qu'il ait homologué la transaction, ce qui lui est naturellement permis de refuser. Cette disposition de la loi en est une des plus précieuses. Elle a déjà permis le sauvetage de nombreux enfants que le tribunal aurait hésité à arracher complètement à leurs parents. Les tribunaux ne se décident en effet, avec raison, à prononcer la déchéance que contre des parents absolument indignes.

Malgré tout, quelque charitable que soit la personne, quelqu'utile que soit l'œuvre qui a recueilli l'enfant, la situation de ce dernier est anormale. On n'improvise pas une famille, et le mineur recueilli pourra peut-être avoir à souffrir ou d'une diminution d'affection de la part de son bienfaiteur, ou du mauvais état de l'œuvre. L'Etat doit donc exercer une surveillance sur eux. Cette surveillance est confiée aux inspecteurs des enfants assistés sous la direction du préfet. Celui-ci peut toujours demander au tribunal de reprendre l'enfant à la personne qui en a la charge et de le remettre à l'Assistance publique.

La loi de 1889 est très dure pour les mauvais parents. Il ne fallait pas qu'elle le fût trop et que la déchéance, comme le demandaient quelques-uns, devînt à jamais irrévocable. Les parents condamnés reviendront peut-être à de meilleurs sentiments, encore qu'un criminel repentant soit un oiseau bien rare. La restitution de la puissance paternelle est donc permise, mais elle est entourée des plus grandes précautions. Déjà, pour reprendre un enfant qui a été recueilli depuis moins de trois mois et dont on n'a pas encore demandé la tutelle officieuse, les parents doivent s'adresser au tribunal. Celui-ci rejettera la demande, s'il le juge nécessaire et conservera définitivement l'enfant à celui qui s'en est chargé.

Bien plus difficile encore est la restitution de la puissance paternelle enlevée par jugement définitif. Il faut d'abord que réhabilitation ait été prononcée de la faute qui a entraîné la déchéance. L'avis du conseil de famille est obligatoire et le tuteur a le droit de s'opposer à la demande. Si celle-ci est rejetée, elle ne peut plus être représentée. Enfin au cas où l'enfant serait rendu à ses parents, une indemnité est due par eux au tuteur officieux ; de même les parents déchus sont passibles d'une pension alimentaire payée pour l'enfant à celui qui l'élève.

On le voit, la loi du 24 juillet 1889 est fortement conçue. Ceux qui ont à s'en servir la trouvent presque tous satisfaisante. On ne peut que lui reprocher trop de défiante envers les sociétés de bienfaisance qui offrent cependant plus de garantie que les particuliers. On peut regretter surtout la répugnance que les tribunaux, imbus encore du fétichisme de la puissance paternelle, mettent parfois à l'appliquer. Mais ceci est affaire de temps. Plus la loi sera appliquée, plus elle rencontrera de sympathie. Comme toute loi importante, ses rouages sont peut-être un peu compliqués. On s'en rendra parfaitement maître après une application de quelque durée.

La sage lenteur avec laquelle la justice nous livre le compte-rendu de ses travaux ne permet pas de donner le nombre exact des jugements ayant prononcé la déchéance paternelle depuis la promulgation de la loi. Du 24 juillet au 31 décembre 1889, les cours d'assises ont déclaré déchus 16 individus condamnés aux travaux forcés, à la réclusion ou à l'emprisonnement pour viol ou attentat à la pudeur sur leurs enfants, infanticide, coups et blessures, etc. Les tribunaux correctionnels ont prononcé également 13 déchéances.

« De leur côté, nous dit le compte rendu de la justice civile pour 1889, les tribunaux civils ont été saisis directement par le ministère public dans le cours des trois derniers mois, de 13 demandes de déchéance fondées : 4, sur des condamnations prononcées contre les parents dans les cas prévus par l'article 1er et les paragraphes 1 à 4 de l'article 2 de la loi ; 1 sur ce que les enfants avaient été conduits dans une maison de correction (art. 2, § 5 de la loi) et 8 sur ce que les père et mère par ivrognerie habituelle, leur inconduite notoire et scandaleuse, ou par de mauvais traitements compromettaient, soit la santé, soit la sécurité, soit la moralité de leurs enfants (§ 6 de l'article 2.) Les tribunaux ont admis 13 de ces demandes et confié la tutelle six fois à la mère une fois à une autre personne et trois fois à l'Assistance publique. Au 31 décembre, il leur restait à statuer sur les autres affaires. »

Ainsi en quelques mois à peine et malgré les difficultés d'application d'une loi encore à ses débuts, 42 déchéances ont été prononcées. Ce nombre n'a fait que croître, grâce à la courageuse initiative des sociétés protectrices et au dévouement des parquets. L'Union pour le sauvetage de l'enfance qui au 30 septembre

1893 comptait dans ses asiles 376 enfants, avait obtenu, pour beaucoup d'entre eux, un jugement de déchéance à son profit. Les mesures prises en faveur de l'enfant maltraité ou vicié sont donc nombreuses et efficaces. Certains détails sont encore à perfectionner. La mendicité, la prostitution de l'enfance ne sont pas assez sévèrement réprimées ni surtout assez efficacement. La loi du 24 juillet 1889 n'est souvent pas applicable dans ces cas-là, car la faute des parents est difficile à prouver et s'ils ne veulent pas confier leurs enfants à un établissement charitable, il est impossible de les y forcer. Un grand oubli a aussi été commis : c'est la situation des enfants qui n'ont plus de parents et qu'un étranger exploite ; aucune déchéance n'est alors possible et l'on doit se tirer d'affaire en condamnant l'enfant pour mendicité, ce qui est regrettable. Les attentats contre l'enfance ne diminuent pas davantage, comme du reste la criminalité en général. Cela tient à des causes profondes, à un affaiblissement certain des sentiments moraux, à la corruption aggravée par les agglomérations urbaines croissantes. Mais les armes fournies aux protecteurs de l'enfance contre ses ennemis sont bonnes. La loi de 1889, on ne saurait trop le répéter, a réalisé un immense progrès qui ne fera certainement que croître.

CHAPITRE V

La Famille absente. Les enfants abandonnés. Assistance publique : service des enfants assistés ; loi du 15 pluviose an XIII, décret du 19 janvier 1811, loi du 10 janvier 1849, loi du 5 mai 1869, décret du 31 juillet 1870.

L'enfant peut être enlevé à sa famille par la déchéance des droits que ses parents ont sur lui. Nous avons vu qu'en quelque sorte sa famille n'existe plus pour lui. C'est là un événement très rare et qui ne peut se produire que par une fiction de la loi. La disparition de la famille pour l'enfant, et l'obligation où se trouve la charité publique de s'en occuper, est d'ordinaire bien moins compliquée. Elle a lieu par la mort, quand l'enfant devient orphelin, ou par l'abandon, quand les parents ne peuvent ou ne veulent plus s'en occuper. Il est alors recueilli dans les établissements de bienfaisance. Nous ne pouvons ici étudier les nombreuses institutions que la bienfaisance privée a consacrées à l'enfance abandonnée. Mais, en principe, l'enfant doit toujours tomber à la charge de la charité publique. C'est aussi le cas le plus fréquent. La situation des enfants assistés proprement dits est d'ailleurs bien nette. La protection que l'Assistance publique doit aux enfants abandonnés a été réglée par de nombreuses lois. Cependant l'Assistance garde une grande liberté. C'est ainsi qu'elle a pu instituer les secours à domicile pour prévenir les abandons et permettre aux mères pauvres d'élever leurs enfants. J'ai déjà décrit le fonctionnement de ces secours, qui ont fait considérablement baisser le nombre des enfants vraiment assistés. Je parlerai donc seulement de ces derniers. Le décret du 19 janvier 1811 qui a réglé leur condition dit dans son A. 1 : « Les enfants dont l'éducation est confiée à la charité publique, sont : 1° les enfants trouvés ; 2° les enfants abandonnés ; 3° les orphelins pauvres. » L'enfant trouvé, selon le même texte, est celui dont les parents sont inconnus et que l'on a découvert exposé dans un lieu quelconque. L'enfant abandonné, au contraire, est né de parents connus qui l'ont d'abord élevé, puis ont disparu. La dernière catégorie des enfants assistés est celle des orphelins pauvres.

Les enfants trouvés se confondent en somme avec les enfants abandonnés. Le nombre de ceux que l'on expose dans un lieu quelconque est extrêmement rare, à peine 1 0/0 du nombre total des assistés. La plupart des abandons ont lieu aussitôt après la naissance, dans la première ou la seconde semaine. Les formalités d'admission sont donc les mêmes.

Le décret de 1811 instituait des hospices spéciaux dans lesquels les enfants devaient être portés, les *hos-*

pices dépositaires, et déclarait que chaque arrondissement donnerait ce titre à un de ses hospices. Il établissait le tour pour permettre aux femmes de remettre leurs enfants à la bienfaisance publique sans avoir la honte d'être connues. Les hospices dépositaires et les tours ne furent du reste établis que dans quelques départements. Aujourd'hui on réclame parfois les tours comme remède aux abandons. J'étudierai cette question plus longuement à la fin de cet ouvrage.

Le système actuel d'abandon est l'admission à bureau ouvert. Si l'enfant est trouvé, on doit préalablement le porter à l'officier d'état-civil qui dressera son acte de naissance (C. c. art. 56.). Puis l'enfant est admis dans le service des enfants assistés. S'il est abandonné, la personne qui le délaisse, la mère le plus souvent, l'apporte à un employé qui la reçoit *seul* dans le bureau. Il lui pose des questions sur les motifs de l'abandon, mais elle peut n'y pas répondre. Il lui offre des secours à domicile. Si la femme persiste dans sa résolution, on admet aussitôt l'enfant. On exige seulement son bulletin de naissance, puis on lui passe au cou un collier qui porte un numéro répété sur le bulletin et sur le procès-verbal de l'abandon, afin d'éviter toute fraude possible dans l'état-civil de l'enfant.

Celui-ci est alors sous la direction de l'Assistance. La tutelle en appartient selon la loi du 5 pluviose an XIII aux commissions administratives des hospices qui choisissent parmi elles un tuteur, et forment le conseil de famille. Ces commissions ,réorganisées par le décret du 23 mars 1852 se composent de cinq membres nommés par le préfet et présidés par le maire. A Paris, depuis la loi du 10 janvier 1849, c'est le directeur de l'assistance publique institué par cette loi qui a la tutelle des enfants abandonnés. C'est là une tutelle anormale, car le directeur, pour ses 35.000 pupilles, n'est assisté d'aucun conseil de famille. Quant aux commissions administratives des hospices, c'est à peine si dans dix départements elles se sont occupées des enfants assistés. La tutelle est revenue en fait à l'inspecteur, que nous retrouverons bientôt.

Sitôt admis, l'enfant, s'il est nouveau-né, doit être remis à une nourrice et envoyé à la campagne. Il faut éviter en effet ces agglomérations d'enfants, toujours nuisibles à leur santé. L'enfant reste en nourrice jusqu'à sa sixième année. Des récompenses sont accordées aux nourrices qui soignent le mieux leurs nourrissons.

La première enfance finie, l'enfant est confié par l'administration à des particuliers, cultivateurs ou artisans, demeurant autant que possible à la campagne. Souvent même il reste chez la nourrice qui l'a élevé. Il se fortifiera dans la vie des champs en même temps qu'il échappera aux dangers des grandes villes. Une pension mensuelle est payée à la famille qui le garde.

Si par suite d'incapacité quelconque ou d'infirmité l'enfant ne peut vivre dans une famille, il restera dans des internats spéciaux, dans les hospices. Mais heureusement le cas est peu fréquent. La Seine qui avait au 31 décembre 1892 11.031 enfants secourus et 33.545 assistés, en avait envoyé 33.249 à la campagne. Pour quelques-unes enfin, des écoles professionnelles ont été installées. Les pupilles de la Seine ont une

ferme en Algérie, à Ren Chicao, une école d'horti-
culture à Villepreux, et d'ébénisterie à Montevrain.
Enfin les enfants malades sont soignés dans des
sanatoriums comme celui de Berck sur Mer qui en recueille 250 ; les insoumis ont leurs quartiers spéciaux
à la Salpêtrière et au dépôt de Moulins.

La protection de lA'ssistance publique ne dure malheureusement pas longtemps. A douze ans, la pension
payée pour l'enfant s'arrête. Elle dure à Paris seulement jusqu'à treize ans. Il est mis alors en apprentissage, sauf s'il est incapable de travailler, auquel cas
l'hospice le garde naturellement. Le décret de 1811
mettait même les garçons valides à la disposition du
ministre de la marine, ce qui n'a jamais été appliqué.
La tutelle de l'Assistance publique continue jusqu'à
la majorité de l'enfant. Mais celui-ci disparaît souvent.
Lorsqu'il a quelque pécule, l'administration le lui
garde jusqu'à sa majorité. Le nombre des enfants
assistés est très grand. Il y a dix ans il dépassait déjà
85.000. Aujourd'hui, quoique diminué par l'extension
donnée aux secours à domicile, il reste toujours élevé.
Les abandons tiennent la plus grande place. L'Assistance publique, en 1892, a recueilli dans la Seine
seulement 4.897 enfants dont 288 trouvés, 540 orphelins, et 4.069 abandonnés. La progression est constante
depuis déjà longtemps ; il est vrai que les grandes
villes favorisent les abandons.

Une population si considérable d'assistés nécessite,
pour que l'assistance soit réelle, une surveillance active. Organisée en fait plus ou moins bien par les départements, elle l'a été définitivement en droit par le

décret du 30 juillet 1870. Le ministre de l'intérieur nomme des inspecteurs et des sous-inspecteurs des enfants assistés qui, sous la surveillance du préfet, prennent toutes les mesures utiles à l'enfant. Malgré la loi du 15 pluviôse an XIII, les inspecteurs ont presque partout pris la tutelle effective des enfants. Si leurs pouvoirs risquent de devenir trop grands, au moins l'enfant est vraiment surveillé, tandis que les commissions administratives, non rétribuées du reste, n'entraient presque jamais dans la pratique.

En 1891, on comptait 94 inspecteurs, 72 sous-inspecteurs et 3 sous-inspectrices. Un service aussi important ne peut aller sans de grandes dépenses. Trop souvent autrefois les départements refusaient les subventions nécessaires. La loi du 5 mai 1869 y a répondu en déterminant le budget du service.

Les dépenses divisées en *intérieures, extérieures, d'inspection et de surveillance* sont à la charge de l'Etat, du département et de la commune. Les frais d'inspection et de surveillance sont entièrement supportés par l'Etat. Ils s'élèveront pour 1894 à 1.071.000 francs. Les dépenses intérieures, qui comprennent le séjour des enfants à l'hospice, et les dépenses extérieures, frais de placement en nourrice ou à la campagne, etc., sont payées par le contingent des communes, la part du département et la subvention de l'Etat. Le conseil général, d'après la loi du 10 août 1871 (Art. 46-18°), statue définitivement sur le service des enfants assistés et sur tout ce qui le regarde, et détermine avec sa contribution personnelle le contingent des communes que la loi du 5 avril 1884, (art. 136-9°) déclare obli-

gatoire. La part de l'Etat est toujours du cinquième
des dépenses intérieures. La somme inscrite sous
cette rubrique au budget de 1894, est exactement de
4.250.000 francs. On voit donc que les dépenses générales de ce service sont considérables. Elles dépassent
20 millions de francs.

Le décret de 1811 était trop limitatif dans son énumération des enfants assistés. Il ne songeait pas aux enfants
indigents ni aux enfants maltraités. Ces deux lacunes
ont été comblées par l'initiative de l'administration.
Depuis longtemps déjà les enfants indigents ont les
secours à domicile. Seuls, les enfants moralement
abandonnés n'avaient d'autre lieu d'asile que la maison de correction, où les tribunaux se voyaient souvent forcés de les envoyer, quoiqu'ils n'eussent commis
d'autre méfait que d'appartenir à des parents indignes.
Le grand mouvement qui, vers 1880, 'amena les
projets de loi dont le résultat devait être la loi du
24 juillet 1889, occasionna aussi une utile innovation
de l'Assistance publique. Soutenue par le conseil général de la Seine, elle ouvrit en 1881 une annexe au service des enfants assistés, celle des enfants maltraités
ou moralement abandonnés. Cette annexe a pris une
extension encore plus grande avec la loi sur la
déchéance paternelle. L'Assistance reçoit du reste
également parmi les moralement abandonnés que lui
envoie la justice, ceux que leurs parents eux-mêmes
lui confient quand ils sentent leur impossibilité de
les bien élever. On leur évite ainsi la honte et la
contagion des prisons de jeunes détenus. Ces enfants
sont répartis comme les autres entre les agences

particulières auxquelles l'Assistance confie ses pupilles, les écoles professionnelles et l'hospice dépositaire. C'est ainsi qu'au 31 décembre 1892, 3.558 enfants étaient recueillis dans ce service. 643 y avaient été placés par le parquet et la préfecture de police pour vagabondage ou mendicité, 212 après jugement de déchéance contre les parents, et 2.703 par les parents eux-mêmes. La dépense n'est pas trop élevée, un million environ.

Une dernière catégorie d'enfants abandonnés, au moins momentanément, attire l'attention de l'Assistance publique : ce sont les enfants que leurs parents, malades ou détenus dans les prisons, ont laissés dans le dénuement. Sous le nom d'*enfants du dépôt* ils sont recueillis par l'Assistance jusqu'à ce que leurs familles puissent les reprendre. Le département de la Seine est ainsi venu en aide en 1892 à 4.772 enfants.

Le but de l'Assistance est de remplacer autant qu'elle le peut la famille que l'enfant a perdue. Mais la meilleure administration ne vaudra jamais le foyer paternel. Aussi ne devait-t-on pas empêcher un retour possible des parents, au cas, cependant bien improbable, où ils regretteraient d'avoir abandonné leur enfant. La misère est la cause principale des abandons ; si donc elle disparaît, les parents chercheront peut-être à élever eux-mêmes l'enfant qu'ils avaient dû confier à la charité publique. La loi a envisagé cette éventualité et a permis cette revendication. Mais il faut être très prudent à son égard et veiller à ce que la reprise soudaine d'affection ne résulte pas chez les parents d'un calcul intéressé, à l'âge où l'enfant peut gagner par son travail. Le décret du 19 janvier 1811 s'en est occupé, trop sommairement d'ailleurs. Les parents qui ont abandonné l'enfant, la mère le plus souvent, doivent faire la preuve de la filiation. Le procès-verbal de l'abandon et le bulletin de naissance permettront de vérifier si leurs allégations sont exactes. Dans ce cas l'enfant pourra leur être rendu. Mais la commission administrative et en fait l'inspecteur des enfants assistés a le droit de faire une enquête sur la situation des réclamants, leur moralité, le but réel de leur demande. Si l'enquête est défavorable aux parents, la demande est repoussée. Au cas où elle serait acceptée, ils devront rembourser, s'ils en ont les moyens « toutes les dépenses faites par l'administration publique ou par les hospices ». Sans être fréquentes, ces réclamations se voient encore souvent, beaucoup de parents ayant gardé les traces de leur enfant. Ainsi, en 1892, l'Assistance publique a rendu à Paris 380 enfants à leur famille.

Il est difficile de porter un jugement absolu sur le service des enfants assistés, tel qu'il existe actuellement. Un corps aussi considérable que l'Assistance, où, en outre, l'absence de lois complètes laisse régner un certain arbitraire, doit forcément avoir des défauts. Comme toute administration publique, celle-ci veut partout dominer et l'inspecteur des enfants assistés ne se soucie pas assez de la commission administrative. Dans l'intérêt même de l'Assistance il enfreint aussi parfois le secret sur les abandons ; on a vu des particuliers poursuivis en payement de frais faits pour un enfant que leur femme avait abandonné avant son mariage. Mais ces maux ne sont qu'isolés. L'ensemble général est satisfaisant. Le placement à la campagne, si utile à l'enfant, devient toujours plus la règle. Si l'on ne peut accorder aux enfants abandonnés cette tendresse, ces attentions délicates que seuls des parents, et des parents aimants, savent donner à leurs enfants, au moins aujourd'hui leur condition matérielle est à l'abri de sérieuses critiques.

CHAPITRE VI

Nulle part peut-être plus que dans les questions criminelles n'éclate le besoin de mesures spéciales à l'enfant, l'absolue nécessité d'une réglementation qui lui soit propre et de principes exceptionnels. La question de la responsabilité de l'enfance est très grave et très complexe. A mesure que l'idée même du droit pénal se transforme et que le code de 1810, avec sa croyance naïve en la liberté entière de l'homme, semble plus suranné, il devient plus nécessaire de déterminer jusqu'à quel point l'enfant est responsable de ses actes et si même on peut lui reprocher avec justice les actions qu'il commet. Les écoles qui, durant ces dernières années, ont agité la question générale de la criminalité ont dû forcément étudier le problème à son origine. Je n'ai pas à rappeler les théories qui sous l'impul-

sion des savants italiens, de M. Lombroso surtout,
ont ému les criminalistes depuis une trentaine d'années.
On a voulu voir chez tous les coupables des criminels
nés. On s'est ingénié à montrer les indices du crime
sur leur visage et une phrénologie pénale est née qui
a eu autant de succès, mais un succès aussi momentané
que celle de Gall et de Lavater. Des contradicteurs
se sont levés et ont réfuté, au moins en partie, ce
système qui avait abouti à une exagération évidente.
Mais un progrès a été au moins réalisé dans la science
pénale.Si la responsabilité ne doit pas être supprimée,
elle doit être en tous cas limitée. C'est surtout le cas
pour l'enfant. L'hérédité joue un rôle incontestable
dans le crime. L'influence du milieu en joue un encore
plus grand. Si à ces deux causes déjà capitales vous
ajoutez la débilité de l'intelligence, qui se manifeste
au moins jusqu'à la dix-huitième année et qu'accom-
pagnent la volonté et le sentiment moral encore en
formation, vous devez reconnaître que l'enfant n'est
pas, pénalement parlant, responsable.

Ces principes ne sont du reste pas nouveaux. Les
études de ce siècle les ont enfin portés à leur rigueur
logique. Mais toujours ils ont été admis, sinon appliqués et ont fait partie des vérités de sens commun.

Seulement le droit pénal, qui ne doit exprimer que
l'opinion générale de son époque et non les théories
avancées, ne les professe pas encore publiquement.

L'ancien droit admettait déjà une responsabilité limitée. Notre premier Code pénal, celui des 25 septem-
bre-6 octobre 1791 l'a enfin posée formellement.
Son système à peu de chose près a été repris par le

code de 1810, toujours en vigueur et auquel la loi du
24 juin 1824, puis surtout la grande révision de 1832
est venue apporter, spécialement en ce qui regarde l'enfance, quelques modifications.

Dans plusieurs cas, la loi accorde une certaine indulgence à celui qui a commis une infraction. Parfois
même elle l'absout complètement, sans pour cela le
laisser rentrer dans la société qu'il pourrait troubler.
Ainsi dans le cas de démence. Pour l'enfant aussi la
loi s'est adoucie, en diminuant sa peine si elle le croit
coupable, en l'acquittant même pour défaut de discernement. Le Code a réglé ces questions dans les articles
66 à 69.

Jusqu'à seize ans l'enfant jouit au point de vue pénal
d'une situation privilégiée. Quatre différences principales existent entre lui et le majeur de seize ans. Tandis que ce dernier est toujours présumé responsable et
que c'est à lui qu'incombe la preuve contraire, l'enfant
jouit d'une présomption de non-imputabilité. Avant de
dire qu'il est coupable, le juge doit déclarer expressément qu'il a agi avec discernement. La preuve doit en
être faite par le ministère public sinon un des éléments
essentiels de l'infraction n'est pas établi et le mineur
doit être renvoyé de la poursuite.

La juridiction en outre n'est pas la même pour l'enfant que pour l'homme, qui ont commis le même délit.
En règle générale, le mineur ne peut jamais être traduit
devant une cour d'assises. Qu'il ait commis un crime
ou un délit, c'est le tribunal correctionnel qui est compétent. On a voulu éviter à l'enfant des débats
trop retentissants, dont le souvenir aurait pu se

perpétuer plus longtemps à son désavantage. Le système de la loi, sur ce point, est malheureusement resté incomplet. Les crimes punis de mort ou des travaux forcés à perpétuité, de déportation ou de détention, enfin les crimes commis par l'enfant en commun avec des majeurs sont restés soumis à la cour d'assises. L'immunité de juridiction édictée par l'a. 68 n'offre donc pas grand intérêt.

Le tribunal se fondant sur les faits de la cause, sur le développement moral de l'enfant peut-être avancé, estime qu'il a agi en connaissance de ses actes. On le déclare alors punissable. Mais sa culpabilité, même en ce cas, n'est que restreinte, et la loi empêche que l'enfant soit puni avec la même rigueur que l'homme. Son âge devient pour lui une excuse atténuante.

Les articles 67 et 69 indiquent le procédé d'atténuation : les peines criminelles sont transformées en correctionnelles (effet ordinaire des excuses atténuantes en matière criminelle). Les peines correctionnelles sont abaissées dans leur taux et dans leur durée. Si la peine encourue est afflictive perpétuelle (mort, travaux forcés à perpétuité, déportation), elle est remplacée par un emprisonnement correctionnel de dix à vingt ans. Si elle est afflictive temporaire (travaux forcées à temps, détention, réclusion), la durée de l'emprisonnement sera du tiers au moins et de la moitié au plus de la durée de la peine à laquelle il aurait pu être condamné s'il eût été majeur. Quant aux peines correctionnelles, elles ne pourront dépasser la moitié de celles qui auraient frappé l'homme au-dessus de seize ans.

De l'étude de la cause, les juges retireront souvent la

persuasion que l'enfant n'a pas eu conscience de la gravité de ses actes. Ils déclareront alors qu'il a agi sans discernement. Il sera acquitté et pourra être rendu à ses parents. Mais la faute qui amène l'enfant devant la justice résulte souvent moins de sa propre perversité que du défaut de surveillance commis à son sujet par sa famille ou des mauvais exemples qu'elle lui a donnés. Il serait dangereux pour la société que l'enfant rentrât parmi les siens, qui le laisseraient bientôt recommencer. Il serait surtout funeste au mineur lui-même de l'abandonner à ses parents. Aussi les juges ont-ils la faculté de ne pas le leur rendre et de le confier à l'administration pénitentiaire. C'est l'envoi en correction. « ...Il sera, selon les circonstances, remis à ses parents ou conduit dans une maison de correction, pour y être élevé et détenu pendant tel nombre d'années que le jugement déterminera et qui toutefois ne pourra excéder l'époque où il aura accompli sa vingtième année. » Art. 66. Cet emprisonnement correctionnel est également prononcé contre les jeunes vagabonds qui, selon l'article 274 du Code pénal, ne peuvent être, jusqu'à seize ans, condamnés à l'emprisonnement ordinaire pour vagabondage. Détenus quoique ayant agi sans discernement ou emprisonnés par suite d'une culpabilité restreinte, les mineurs de 16 ans n'en ont pas moins une situation commune. La loi veut les soustraire à une rechute, presqu'inévitable si elle les relâchait. Elle désire donc qu'ils ne soient pas laissés en contact dans les prisons avec les détenus plus âgés et déjà viciés pour la plupart. Une organisation spéciale de la détention s'imposait pour les mineurs, comme conséquence d'une organisation spéciale de la pénalité.

Mais le Code pénal n'avait fait qu'en poser les principes. Il n'organisait rien, et pendant longtemps les jeunes détenus furent soumis au régime commun des maisons d'arrêt et des maisons centrales. L'administration se mit pourtant à réaliser les réformes certainement souhaitées en 1810, mais qui n'avaient pas été suffisamment indiquées. Des quartiers correctionnels spéciaux aux jeunes détenus furent ouverts en 1824 à Strasbourg, en 1826 à Rouen, puis un peu partout, à Lyon, Paris, Toulouse, Amiens. En 1835 le pénitencier de la Roquette inaugurait pour les enfants l'emprisonnement individuel. Mais les départements refusaient de supporter les dépenses de ces établissements et l'administration ne put leur accorder l'extension qu'elle désirait.

Là encore l'initiative privée devait donner l'impulsion qui faisait défaut et indiquer la voie à suivre. En 1839 un grand philanthrope, M. de Metz, fondait l'établissement de Mettray. Aux travaux industriels étaient substitués les travaux agricoles. Les enfants vicieux confiés à la colonie y étaient soumis à une discipline sévère, mais tempérée par une sympathie profonde et un ardent désir de les relever. L'internement individuel était appliqué aux plus vicieux : quelques mois de réflexions personnelles, loin de camarades qu'ils voudraient débaucher, leur seraient salutaires. Mais pour les natures plus molles, que l'isolement déprime ou exaspère, le régime en commun était conservé. Les résultats furent si remarquables que l'administration imita cet exemple. Elle fonda en 1842 la colonie de Fontevrault, en 1843 celle de Clairvaux, Loos en 1844, Gaillon en 1845 etc., tandis que de nombreuses colonies privées apparaissaient sur le modèle de Mettray.

Il était temps de coordonner, de codifier en quelque manière tous ces essais et de leur donner un fondement légal. C'est ce que fit la loi du 5 août 1850 « sur l'éducation et le patronage des jeunes détenus. » Elle divise ceux-ci en dix catégories : 1° les détenus par voie d'autorité paternelle (art. 376. C. c.); 2° et 3° les mineurs de seize ans en état de détention préventive (prévenus, accusés) ; 4°, 5°, 6° les mineurs de seize ans acquittés et envoyés en correction pour six mois au plus, — six mois à deux ans — pour plus de deux ans : 7°, 8°, 9° les mineurs de seize ans condamnés à six mois au plus — de six mois à deux ans — à plus de deux ans ; 10° les insurbordonnés.

Ces diverses catégories, qui ont le défaut d'être trop nombreuses, sont réparties entre trois sortes d'établissements. Les détenus par voie d'autorité paternelle, les jeunes prévenus et les condamnés à six mois au plus sont enfermés en commun dans des quartiers spéciaux que possèdent les maisons d'arrêt et de justice. Les enfants acquittés, mais non remis à leurs parents, ceux condamnés à moins de deux ans d'emprisonnement, sont envoyés dans des *colonies pénitentiaires agricoles.* Aux insubordonnés et à ceux qui ont été condamnés à plus de deux ans d'emprisonnement des *colonies correctionnelles agricoles* sont spécialement affectées.

Enfin, les filles ont des maisons pénitentiaires.

La différence entre ces divers établissements est du

reste peu sensible. Les détenus doivent tous recevoir
« une éducation morale, religieuse et professionnelle ».
Seulement, tandis que les travaux industriels sont
pratiqués dans les quartiers spéciaux des maisons d'arrêt et de justice, ce sont les travaux agricoles qui
s'exercent dans les colonies. Dans les maisons pénitentiaires, on applique les filles « aux travaux qui con-
viennent à leur sexe. »

La loi de 1850 a posé un principe bienfaisant : elle a
admis au rang des colonies pénitentiaires les établissements privés comme les établissements publics. Les
premiers doivent seulement être autorisés par le ministre de l'intérieur qui peut passer avec eux « des
traités pour la garde, l'entretien et l'éducation d'un
nombre déterminé de jeunes détenus. » Toute colonie
pénitentiaire est gouvernée par un directeur responsable, assisté d'un conseil de surveillance que préside
le préfet. Le ministre de l'intérieur nomme des
inspecteurs généraux et des inspectrices qui doivent
les visiter chaque année.

Le relèvement de l'enfant ne s'obtient pas seulement
par une discipline sévère et des travaux fortifiants ;
l'espoir qu'une bonne conduite sera récompensée y
aide puissamment. Le plus grand désir qui peut
animer un détenu est certainement sa libération.

La loi de 1850 a donc institué, bien avant que la loi
du 14 août 1885 fît de même pour les adultes, la libération provisoire des jeunes détenus. Si ceux-ci se
conduisent d'une façon satisfaisante pendant leur emprisonnement, on leur accorde leur liberté anticipée.
On les place chez quelque particulier. Mais l'enfant

reste toujours sous la menace d'un nouvel emprisonnement, au cas où sa conduite ne serait plus aussi
bonne. Enfin, une fois la libération définitive arrivée,
le législateur n'a pas voulu abandonner complétement
à eux-mêmes les jeunes libérés que le passage subit de
l'emprisonnement à la liberté pourrait griser. A part
les enfants détenus par voie d'autorité paternelle et
qui sont rendus à leurs familles, la loi de 1850 les
place tous, pendant trois années au moins, sous le
patronage de l'Assistance publique. Ce patronnage
est du reste plus souvent fictif que réel. Le seul réel,
sérieux et suivi est celui des nombreuses sociétés privées qui se sont réunies en faveur des jeunes détenus.

Le récent congrès du patronage, tenu à Paris à la
fin du mois de mai 1893 nous a révélé toute l'importance qu'ont prises ces institutions. Ainsi la Société de
protection des engagés volontaires que M. Voisin
fonda en 1878 et qui comptait, en 1888, parmi ses
802 protégés, 164 gradés. L'Etat vient en aide à ces
sociétés et leur accorde, chiffre du reste bien modeste,
une subvention totale de 120.000 francs.

Tels sont les grands traits de la loi de 1850. Reste
à savoir si toutes les réformes qu'elle avait en vue
ont été réalisées. Il n'est pas douteux que les établissements consacrés aux jeunes détenus n'ont pas
porté tous les fruits qu'on en attendait. En 1865
M. J. Simon, dévoilant au Corps Législatif les abus
dans lesquels était tombée la Petite Roquette, montrait que sur 453 enfants, population totale de la
prison, 170, plus du quart, devaient rester au moins
cinq ans en prison cellulaire. L'enthousiasme des cri-

minalistes pour ce mode d'emprisonnement devenait dangereux. De 1857 à 1870 l'administration dut supprimer neuf colonies qu'on avait trop vite autorisées.
Le travail agricole, qu'on avait cru seul moralisateur,
se montrait au contraire funeste aux enfants originaires
des villes, et devant la commission d'enquête sur les
établissements pénitentiaires, nommée par l'Assemblée
nationale, le procureur général de Paris pouvait dire
sans être contredit : « L'enfant de Paris et des grandes
villes est réfractaire au travail des champs... A sa sortie
de prison, il ne sait aucun métier et vole de nouveau.
En résumé ce système d'éducation a trompé presque
toutes les espérances. »

Actuellement, il existe 35 établissements d'éducation
correctionnelle dont 1 en Algérie. Ils se répartissent
de la façon suivante : pour les garçons, 6 colonies publiques, 5 quartiers correctionnels, 13 établissements
privés en France, 1 en Algérie : pour les filles, 1 quartier correctionnel, 2 maisons pénitentiaires, 7 établissements privés.

Ces institutions dont quelques-unes sont destinées
aux communions diverses, comme Sainte-Foy pour
les protestants, Sainte-Anne d'Auray, etc., pour les
catholiques contenaient, en 1889, 6019 enfants, le
huitième environ des détenus de tout âge. Les
établissements publics et les établissements privés
se les partagent à peu près également. La grande
idée de la loi de 1850, la disparition progressive
des établissements publics en faveur des sociétés
privées, n'a donc pas pris l'extension qu'on croyait.
Les défauts que je viens d'indiquer n'ont pas tous

disparu. L'installation matérielle des colonies laisse parfois à désirer. Le nombre des détenus est trop grand. Telle colonie de l'Etat a 500 enfants et seulement 200 hectares de terre. 200 hectares n'occupent pas plus de cinq charrues. Comme un bon laboureur met six mois à se former, c'est seulement dix laboureurs qu'on pourra former par an, le cinquantième de la population. La direction morale n'est aussi pas toujours à l'abri des reproches. Il me suffira de rappeler les tristes événements qui se sont produits naguère dans la maison de filles la Fouilleuse, sous la direction de M. Herbette. L'emprisonnement a pourtant une influence bienfaisante sur la plupart des enfants, mais il faut qu'il soit d'une durée assez longue. Il est aujourd'hui reconnu que tous les mineurs détenus pendant quelques mois seulement ne sortent de leur prison qu'avec des sentiments de haine plus vivaces. Ils ont passé leur emprisonnement à cimenter des amitiés entre jeunes confrères plutôt qu'à s'amender pour la plus grande joie de leurs directeurs. Il faudrait que les tribunaux cessassent complètement de prononcer ces condamnations de courte durée qui, dues à un sentiment d'indulgence pour l'enfant, lui sont en réalité nuisibles. L'âge le plus fréquent de l'envoi en correction est de 10 à 15 ans. Si l'enfant est relâché peu après son emprisonnement, il se laissera de nouveau aller au méfait qui en amène le plus grand nombre, le vol (3480 enfants en 1889) mais ce sera désormais un véritable malfaiteur, un récidiviste.

Ces questions se rattachent à la criminalité en général. Elle augmente incontestablement d'année en année et c'est l'enfance qui fournit l'augmentation la plus rapide. Il peut être utile de citer les passages suivants de la statistique de 1889 : « La répartition proportionnelle des prévenus de délits communs, sous le double rapport du sexe et de l'âge, varie à peine d'une année à l'autre ; mais on ne peut se dispenser de signaler l'augmentation croissante du nombre absolu des mineurs de seize ans : pour les garçons de 4.937 en 1886, à 5.781 en 1887, à 6.342 en 1888 et à 6.743 en 1889 : pour les filles de 639 en 1886, à 951 en 1887, à 1.009 en 1888, et à 1.097 en 1889 ; c'est en quatre années, pour les deux sexes réunis, un accroissement de 2.244 ou des deux cinquièmes.

Sur les 7.840 mineurs de seize ans jugés pour des délits communs, 5.506 ou les trois quarts ont été reconnus avoir agi sans discernement et, par application de l'art. 66 du code pénal, les tribunaux en ont rendu 3.163 à leur famille et envoyé en correction 2.343 dont 1.761 pour un an. A l'instigation du conseil supérieur des prisons, un de mes prédécesseurs, par une circulaire du 4 janvier 1889, avait appelé l'attention des magistrats sur le danger des condamnations, même courtes, à l'emprisonnement, prononcées contre les mineurs de seize ans, ainsi que sur les graves inconvénients qui résultent de leur envoi en correction pendant un temps trop court. Il a été tenu compte, dans une certaine mesure, des recommandations contenues dans cette circulaire. En effet, de 1888 à 1889, il y a eu accroissement du nombre des mineurs acquittés purement et simplement (618 au lieu de 481) remis à leurs parents (3.163 au lieu de 2.841) et envoyés en correction pour plus d'un an (2.343 au lieu de 1.954) et, au contraire, diminution du nombre des prévenus de cet âge condamnés à l'amende (278 de moins) ou à l'emprisonnement (81 de moins). Le chiffre réel de ces derniers, 780, rapproché du total des mineurs de seize ans poursuivis, 7.840, donne une proportion de 10 0/0 au lieu de 14 0/0 en 1888. Il y a lieu de penser qu'en 1890 et en 1891 l'écart aura été encore plus sensible. Les 7.840 mineurs de seize ans poursuivis pour des délits communs, réunis à 1046 qui ont été jugés pour des contraventions fiscales ou forestières, forment un total de 8.886 prévenus de cet âge traduits, en 1889, devant les tribunaux correctionnels. Parmi eux 3.298 ont été remis à leurs parents et 2.666 envoyés en correction (1.762 pour plus d'un an et 882 pour un an au moins.) »

Cette situation s'est à peine modifiée durant l'année 1890. Le nombre des enfants poursuivis a légèrement baissé : 7381 au lieu de 7840. La circulaire de 1889 a été appliquée plus soigneusement encore : 5667 acqui-tés (2686 envoyés en correction, les autres rendus à leurs parents) 1135 condamnès à l'amende, 569 (au lieu de 780 en 1889) à l'emprisonnement.

Aux renseignements que donne la statistique crimi-nelle de 1889, on peut en ajouter encore quelques-uns d'intéressants.

Le nombre des mises en liberté provisoire faites pour récompenser la bonne conduite des jeunes détenus s'est élevé, cette année-là, à 200 : 175 pour les garçons, 25 pour les filles. Les enfants envoyés en correction par voie d'autorité paternelle, ceux que l'on peut ranger sous le nom d'enfants insoumis, sont restés comme toujours, très rares 6 garçons et 71 filles. Le nombre des enfants envoyés par voie de réquisitions, après 16 ans, sur ordonnances des présidents est bien plus considérable, 663 garçons, 377 filles. C'est encore, parmi les peines qui frappent l'enfance, la plus mauvaise. De durée infime, elle ne peut permettre à l'enfant de vraiment s'amender, elle augmente seulement l'aversion qu'il a déjà pour sa famille. De plus, excepté pour les enfants de Paris qui trouvent à la Petite Roquette le régime cellulaire et ne peuvent communiquer entre eux, autrement que par des conduits destinés d'ordinaire à un autre usage, les quartiers correctionnels existent à peine en France, et l'enfant est envoyé dans la plus proche maison d'arrêt où le contact des autres prisonniers fera rapidement d'un gamin simplement indiscipliné un être vicieux. L'administration cherche bien à perfectionner ces établissements. On va ainsi démolir bientôt la Petite Roquette et la remplacer par une maison plus gaie en plein champs, à Montesson (Seine-et-Oise). C'est le système lui-même qui est mauvais. M. Rollet dans son beau livre, un peu trop anecdotique, *Les enfants en prison*, a pu le juger ainsi : « Quand un mineur n'a pas de trop mauvais instincts, ses ascendants peuvent toujours mieux le corriger que n'importe quels étrangers. Si ceux-ci ont le malheur — fort rare heureusement — de posséder un enfant absolument vicieux, ce qu'ils peuvent faire de mieux est d'attendre qu'il commette un délit permettant au tribunal de prononcer l'envoi en correction jusqu'à vingt ans. »

Un dernier regret peut être exprimé sur la situation pénale de l'enfant : l'âge parfois ridiculement précoce où l'on exerce des poursuites. C'est ainsi qu'en 1889 on a poursuivi 47 enfants au-dessous de huit ans, 623 au-dessous de dix ans. En fixant l'âge maximum auquel l'enfant peut être considéré comme ayant agi sans discernement, la loi a oublié de fixer celui avant lequel aucune poursuite ne devrait être possible. On se contenterait de frapper les parents, conformément à l'art. 1384 du Code civil, comme civilement responsables, et ceux-ci s'empresseraient d'exercer une surveillance plus efficace.

En résumé, quoique ne répondant plus assez aux idées modernes, la responsabilité de l'enfant est nettement établie. La détention spéciale dont il a besoin est aussi assez bien organisée. La loi de 1850 a donné trop d'importance aux travaux agricoles. Cependant cette organisation est bonne. Ce qui est moins satisfaisant, ce sont les résultats pratiques obtenus, le petit nombre d'établissements spéciaux à l'enfance criminelle qui aient été créés jusqu'à ce jour. Mais ce sont là heureusement des défauts faciles à supprimer. L'administration pénitentiaire s'y applique. Espérons que ses efforts seront enfin récompensés et qu'au lieu de voir la criminalité augmenter sans cesse parmi l'enfance, on la verra enfin diminuer.

DEUXIÈME PARTIE

—

L'ÉCOLE

L'ÉCOLE

CHAPITRE I

La salle d'asile. Le collège. L'école primaire. Lois du 28 juin 1833 et du 15 mars 1850. Lois du 16 juin 1881. Loi du 28 mars 1882. Loi du 30 octobre 1886. Loi dn 19 juillet 1889.

Lorsque Danton s'écriait : « Après le pain, l'instruction est le premier besoin du peuple » il exprimait la pensée de tous les partisans des idées nouvelles, il posait le principe que la démocratie devait défendre pendant un siècle et faire enfin triompher. L'histoire de l'instruction publique en France depuis 1789 se lie intimement à l'histoire politique de la nation. L'enseignement pour tous fut peut-être la plus grande revendication des partis libéraux contre les partis conservateurs, car, plus qu'aucun autre principe, il apportait avec lui l'égalité des citoyens. Pour traiter à fond cette question, il faudrait donc faire œuvre critique autant qu'historique. Mais outre les dangers d'une pareille position, on serait forcément amené à reprendre des opinions, à soulever des débats qui on été déjà discutés dans maint ouvrage. Depuis vingt ans, le problème de l'enseignement a fait couler des flots d'encre, et entraîné plus de haine que de conciliation. Je me bornerai donc à exposer sommairement l'organisation actuelle de l'instruction publique, les ressources qu'elle offre à l'enfant, les efforts qui ont été accomplis pour fortifier son intelligence, œuvre aussi nécessaire que la protection de son corps ou de son âme.

Durant les premières années de l'enfant, l'instruction se confond avec l'éducation. On ne peut songer, quand il n'a encore que quatre ou cinq ans, à lui donner ces notions abstraites, impersonnelles, qui composent la science, si rudimentaire soit elle. Et cependant, dès que l'intelligence apparaît, il faut l'alimenter, la fortifier par un enseignement méthodique, qui rende le bébé capable de devenir plus tard un écolier. Dans les familles aisées, cette tâche est remplie tout naturellement par la mère. Dans les familles modestes ou pauvres, où la femme est souvent obligée de quitter son ménage une grande partie du jour pour gagner son pain, l'enfant risque d'être abandonné à lui-même. C'est donc pour y remédier que s'est créée *la salle d'asile*, que plusieurs lois ou décrets ont formellement comprise parmi les établissements d'instruction publique.

La première salle d'asile fut créée en 1808 par Madame de Pastoret, qui avait déjà tenté le premier essai de crèches. Mais cette institution date véritablement de 1827, quand M. Cochin eut doté d'une salle d'asile le 12e arrondissement de Paris. Dix ans après, il en existait déjà 261. Le gouvernement songea à les réglementer et à leur donner son approbation. L'ordonnance du 22 décembre 1837 en détermina le caractère. « Les salles d'asiles ou écoles du premier âge sont des établissements charitables où les enfants des deux sexes peuvent être admis, jusqu'à l'âge de six ans accomplis, pour recevoir les soins de surveillance maternelle et de première instruction que leur âge réclame. »

Les salles d'asile rendirent de grands services et leur nombre s'accrut sans cesse. Plusieurs décrets vinrent perfectionner l'ordonnance de 1837. L'arrêté du 28 avril 1848 leur donna le nom, sous lequel on les connaît plutôt aujourd'hui, d'*écoles maternelles*, pour enlever ce qu'il pouvait y avoir de blessant dans l'expression de salle d'asile. Le décret du 21 mars 1855 fixa leur constitution actuelle, que celui du 2 août 1881 a modifiée sur quelques points.

Ce sont des établissements d'éducation où les enfants des deux sexes, de deux ans à sept ans, reçoivent les soins que réclame leur développement physique et moral. L'enseignement comprend : 1° les premiers principes de l'instruction religieuse, des notions élémentaires de lecture, d'écriture, de calcul verbal et de dessin linéaire ; 2° des connaissances usuelles à la portée des enfants, et des ouvrages manuels appropriés à leur âge, des chants religieux, des exercices moraux et des exercices corporels.

L'enseignement doit rester aussi familier que possible pour être à la portée des enfants. L'art. 13 du décret du 2 août 1881 le recommande. « Les premiers principes d'éducation morale seront donnés dans les écoles publiques, non sous forme de leçons directes et suivies, mais par des entretiens familiers, des questions, des récits, des chants destinés à inspirer aux enfants le sentiment de leurs devoirs envers la famille envers la patrie, envers Dieu. Ces premiers principes devront être indépendants de tout enseignement confessionnel. »

Les salles d'asile, qui peuvent être publiques ou privées, sont exclusivement dirigées par des femmes âgées d'au moins 21 ans. Celles-ci doivent posséder un certificat d'aptitude. L'école sera visitée au moins une fois par semaine par un médecin. Enfin, dans chaque académie une dame, nommée après examen, et rétribuée par le gouvernement, sera chargée d'inspecter ces établissements. Les inspectrices départementales doivent avoir plus de trente ans, les inspectrices générales plus de trente-cinq ans.

Ainsi se trouve comblé le vide qui existe entre la crèche d'où l'enfant sort à deux ans, et l'école primaire où il n'entre qu'à sept. Les écoles maternelles sont aujourd'hui très nombreuses. En 1865 on en comptait déjà 3.572 dont le plus grand nombre appartenait à des congrégations. D'après la dernière statistique officielle publiée pour l'Exposition universelle de 1889 et portant sur l'année 1886-1887, il y avait 5.882 écoles maternelles et 741.224 élèves. L'enfant, sous une direction féminine appropriée à son âge, est ainsi préparé sans secousses aux travaux plus sérieux de l'école primaire. Malheureusement, rien n'oblige les parents à profiter de l'école maternelle. L'enseignement n'en est pas obligatoire ; il serait du reste exagéré de pousser l'obligation jusqu'à cet âge. Mais les bienfaits de l'école maternelle ne s'adressent donc qu'à la minorité puisque les enfants de 2 à 6 ans, en 1886, étaient déjà au nombre de 2.818.007.

L'instruction, dans les premières années de l'enfance, peut d'ailleurs être négligée sans grand inconvénient. A cet âge, l'enfant apprend autant en jouant qu'en restant assis devant un pupitre. Il apprend même mieux, car il vit ce qu'il apprend, et il faut savoir vivre avant que savoir s'instruire. Mais à mesure qu'il grandit, que le milieu où il se forme lui a donné tous les enseignements qu'il pouvait en tirer, l'instruction, ces leçons données par l'humanité, lui est plus indispensable. Passé un certain âge, les nécessités de l'existence le saisiront. Si, comme c'est le cas le plus fréquent, ses parents sont pauvres, il devra travailler dès qu'il en sera capable. Il faut donc que les années où son esprit peut déjà apprendre, tandis que son corps doit encore se fortifier dans le repos, il les consacre à l'instruction.

Dès la première heure, dès les débuts de la Révolution, les partis nouveaux cherchèrent la meilleure forme d'instruction populaire. Quoi qu'on fasse, la science, surtout la science en son résumé, ne peut rester neutre. L'enseignement fut pris comme une arme de combat. On ne lui donna pas sans doute la sérénité qu'on en devrait attendre. On voulut le faire servir à renverser les idées anciennes pêle-mêle et indistinctement. Mais au moins, de toutes ces luttes, il sortit quelque bien, et le peuple reçut une instruction toujours plus forte.

Les premières connaissances nécessaires à l'enfant peuvent lui être données dans des établissements très différents, religieux ou laïques, inférieurs ou supérieurs. Ce sont soit les petits séminaires, soit les petites classes des collèges et des lycées, soit enfin l'école primaire. Des premiers, petits séminaires et collèges, je ne parlerai pas. Cela nous entraînerait forcément dans la question de l'enseignement secondaire, sans grande utilité, car le nombre des enfants élevés dans ces établissements est très restreint. Les établissements ecclésiastiques comptaient, en 1887, 73.000 éléves, dont les petits séminaires 25,000. De leur côté les maisons de l'Etat en avaient 89.000. Les établissements laïques privés, qui malheureusement diminuent toujours plus, n'en avaient que 20.000. Ces chiffres sont infimes comparés aux 6.500.000 élèves que compte aujourd'hui l'enseignement primaire proprement dit, laïque ou religieux. Etudions l'instruction donnée à l'enfant dans l'école primaire.

La Révolution, je l'ai dit, fut la première à en poser les principes. La première constitution arrachée enfin à la royauté, celle des 3-4 septembre 1791, déclarait déjà que l'enseignement primaire serait général à toute la France, réparti dans toutes les provinces et non laissé aux hasards des circonstances ou des bonnes volontés. « Il sera créé et organisé une instruction publique, commune à tous les citoyens, gratuite à l'égard des parties de l'enseignement indispensables à tous les hommes, et dont les établissements seront distribués graduellement dans un rapport combiné avec la division du royaume. » Et sur les écoles primaires, elle ajoutait spécialement : « L'objet des écoles primaires est d'enseigner à tous les enfants leurs premiers et indispensables devoirs, de les pénétrer des principes qui doivent diriger leurs actions, et d'en faire, en les préservant des dangers de l'ignorance, des hommes plus heureux et des citoyens plus utiles. »

L'âge de six ans était ,dès ce moment, fixé comme limite minimum de l'admission des enfants et la gratuité de l'école décrétée.

Durant les dix années où la Révolution broya toute l'ancienne France et produisit ce bloc informe dont Napoléon devait tirer un si merveilleux parti, on essaya de réaliser les beaux rêves de 1791 et de donner à l'enseignement primaire une forme parfaite. Des lois multiples s'y efforcèrent : les décrets du 12 décembre 1792 et du 30 mai 1793, les lois du 29 frimaire an II et du 27 brumaire an III, dues à Lakanal, le décret du 3 brumaire au IV. Toutes prouvaient le désir manifeste du législateur d'inventer la meilleure école possible, mais aussi son manifeste embarras. Tantôt les *instituteurs*, comme le décret du 12 décembre 1792 avait appelé officiellement les magisters d'autrefois, devaient être nommés par le peuple, par cette foule à laquelle les théoriciens de la Révolution donnaient toutes les vertus, tantôt par l'administration du département. Une loi déclarait la gratuité de l'enseignement primaire, mais oubliait de dire qui payerait les instituteurs. Une autre devait intervenir et imposait aux parents une indemnité annuelle que fixerait l'administration. Enfin on tomba, là plus qu'ailleurs peut-être, dans la sensiblerie. C'est ainsi que Lakanal, dans la loi du 27 brumaire an III, réglait les leçons civiques des jeunes citoyens : « Les élèves des écoles primaires visiteront plusieurs fois l'année, avec leurs instituteurs et sous la conduite d'un magistrat du peuple, les hôpitaux les plus voisins. Les mêmes jours ils aideront dans leurs travaux domestiques et champêtres les vieillards et les parents des défenseurs de la patrie ; on les conduira quelquefois dans les manufactures et les ateliers où l'on prépare des marchandises d'une consommation commune, afin de leur donner quelque idée des avantages de l'industrie humaine et d'éveiller en eux le goût des arts utiles. » Heureux temps, où l'on se reposait des luttes civiles dans des fêtes que l'Etre suprême voulait bien présider d'un œil paterne.

Le Consulat, puis l'Empire, vint calmer cet enthousiasme et rejeter dans l'ombre tout perfectionnement de l'enseignement primaire. La loi du 11 floréal an X (1er mai 1802) s'occupait bien encore des écoles primaires. Elle en confiait la direction aux conseils municipaux, établissait la rétribution scolaire, tout en la tempérant par l'admission gratuite d'un cinquième des enfants pour cause d'indigence. Mais cette loi eut une trop courte existence pour produire quelque effet. Napoléon, qui voulait avoir son corps enseignant à lui comme il avait son armée et son clergé, créait, par la loi du 10 mai 1806 et surtout le décret du 17 mars 1808, l'Université.

Ce grand corps n'a dans l'idée de Napoléon qu'un but : faire de tous les Français les serviteurs soumis de l'empereur, des âmes passives où nulle idéologie n'empêchera la formation méthodique d'un bon fonctionnaire ou d'un bon soldat. « Dans l'établissement d'un corps enseignant, dit-il lui-même au Conseil d'Etat, mon but principal est d'avoir un moyen de diriger les opinions politiques et morales. » Mais, s'il veut que les classes supérieures n'aient que des pensées conformes à ses désirs, il veut surtout que le peuple reste dans l'ignorance. Le despotisme, et quelque admirable qu'ait été son génie, Napoléon fut un despote, le despotisme ne peut désirer l'instruction du peuple, car l'amour de la liberté, la volonté de monter plus haut en est la conséquence immédiate. Aussi, tandis qu'il consacre des soins minutieux à l'organisation de l'enseignement secondaire et supérieur, néglige-t-il d'une manière évidente l'enseignement primaire. Il sait bien d'ailleurs lui poser des bornes dont il lui défend de sortir. L'art. 6 du décret de 1808 détermine l'enseignement donné dans les petites écoles : «..... 6° Les petites écoles, écoles primaires, où l'on apprend à lire, à écrire, et les premières notions du calcul. » Si le maître se permet de dépasser cet enseignement, son école devient secondaire, il doit la rétribution universitaire, le vingtième du prix payé par chaque élève, et toutes les autres charges de l'enseignement libre. « Les inspecteurs d'académie, dit le décret du 15 novembre 1811, veilleront à ce que les maîtres ne portent point leur enseignement au-delà de la lecture, l'écriture et l'arithmétique. »

A ces matières, il faut pourtant en ajouter encore une, la plus importante « le catéchisme adopté pour l'Empire ». L'Église a en effet la haute main sur les petites écoles. Le curé reprend sur l'instituteur la suprématie qu'il avait jadis et qu'il gardera pendant de longues années. Le moindre reproche qu'il adresse sur l'instituteur et celui-ci est destitué. Le grand-maître de l'Université, M. de Fontanes, demande ainsi aux évêques, en 1808, de se faire envoyer par « MM. les curés de leur diocèse des notes détaillées sur les maîtres d'école de leurs paroisses »... « Lorsque ces notes seront réunies, dit-il, vous voudrez bien me les faire adresser avec vos propres observations ; d'après ces indications, je confirmerai l'instituteur qui aura mérité votre suffrage, et il recevra le diplôme qui doit l'autoriser à continuer ses fonctions ; celui qui ne m'offrira pas les mêmes sûretés ne recevra point de diplôme et j'aurai soin de le remplacer aussitôt par l'homme que vous aurez jugé le plus capable. »

Aussi les meilleurs instituteurs sont-ils encore pour Napoléon des ecclésiastiques. L'ordre des Frères des Écoles chrétiennes, relevé en 1802 a sa faveur spéciale. A. 109. « Les frères des écoles chrétiennes seront brevetés et encouragés par le grand maître qui visera leurs statuts intérieurs, les admettra au serment, leur prescrira un habit particulier et fera surveiller leurs écoles. — Les supérieurs de ces congrégations pourront être membres de l'Université. » Avant tout, Napoléon regarde à l'intérêt politique. L'instruction du peuple lui importe peu. Même si les ignorantins ne savent pas grand chose, ce sera toujours une bonne acquisition. « En les comprenant dans l'Université, dit-il, on les rattachera à l'ordre civil et l'on préviendra le danger de leur indépendance. »

Mêmes obstacles enfin pour l'ouverture d'une petite

école. Comme autrefois, l'instituteur traite avec la commune des conditions de son enseignement. C'est elle, ce sont les parents qui le payent, et comme jadis aussi, il doit pour vivre remplir des offices divers et baroques : greffier de la mairie, préposé à l'horloge, sacristain, sonneur de cloches, chantre à l'église, parfois même fossoyeur. Mais l'autorisation du préfet est désormais nécessaire, ainsi que du recteur de l'académie. Encore si le gouvernement venait à son aide. Mais aucun secours supplémentaire ne lui est accordé. Les frères des écoles chrétiennes, seuls, reçoivent 25.000 francs, dont ils ne touchent en réalité que 4.500.

La condition des écoles primaires ne pouvait donc être, sous l'Empire, que précaire. Le mouvement qui, à la fin de la Révolution, avait fait renaître partout des écoles libres s'était arrêté. Le maître d'école, en moyenne, ne gagne pas plus de 500 à 600 francs par an. Les écoles normales qui, d'après le décret de 1808, devaient exister dans chaque académie pour former des instituteurs, sont restées sur le papier. Une seule a été établie à Strasbourg, en 1811, par le préfet. Le nombre des petites écoles à la chute de Napoléon est sensiblement le même qu'en 1789, environ 22.000 qui instruisent 737.000 enfants. Mais ce que l'Empereur n'a pu étouffer, ce sont les principes posés par la Révolution pour l'instruction du peuple, et qui reviendront au premier souffle de liberté.

La situation légale de l'enseignement primaire ne changea guère sous la Restauration. Pas plus que l'empire, la royauté n'était favorable à l'instruction du peuple. Le but de l'enseignement primaire reste le même : garder la foule dans la soumission. L'idée d'autrefois réapparaît, selon laquelle le peuple a seulement besoin de religion. Une circulaire adressée aux recteurs en 1817 le déclare en termes formels : « Faites connaître à MM. les évêques et à tous les ecclésiastiques que, dans l'œuvre de l'éducation, vous n'êtes que des auxiliaires et que l'objet de l'instruction primaire est surtout de fortifier l'instruction religieuse ». Cependant l'ancien régime n'a pu être rétabli entièrement. Les idées qui faisaient sa force ont pour toujours disparu. Il faut compter désormais avec cette création de la philosophie du dix-huitième siècle, mise en œuvre par la Révolution, avec l'opinion publique. On sait les luttes ardentes que le parti libéral soutint, sous la Restauration, pour la cause de l'instruction publique. Elles ne furent pas sans résultat. En 1824 le ministère de l'instruction publique est enfin créé et s'occupe, en même temps que des affaires ecclésiastiques, de tout ce qui regarde l'enseignement dont, jusqu'alors, le ministère de l'intérieur avait eu la direction. Les écoles primaires elles-mêmes en profitent. En 1829, elles sont 30.000, auxquelles l'État accorde une subvention de 100.000 francs, et instruisent 1.357.000 enfants.

Néanmoins, tous ces progrès n'étaient accomplis par le gouvernement qu'à contre-cœur. Il fallut la révolution de 1830 pour constituer définitivement l'enseignement primaire. La charte de 1830 déclarait en son article 69 : « Il sera pourvu successivement par des lois séparées et dans le plus court délai possible aux objets qui suivent : ...8° L'instruction publique et la liberté de l'enseignement. »

Cette loi annoncée fut celle du 28 juin 1833, la première consacrée à l'instruction primaire, qui en pose les bases, en fixe la portée, en détermine les conditions d'existence. Due à Guizot, dont le rôle fut plus grand peut-être dans l'instruction publique que dans la politique générale, elle reflète d'une manière très exacte l'état des esprits durant toute la monarchie de Juillet, les principes de cette bourgeoisie à moitié libérale et à moitié retardataire, désireuse de progresser mais sans hâte ni secousse, garde nationale enfin jusque dans sa législation. La bourgeoisie est décidée d'ailleurs à instruire le peupl e.Si en 1830 elle a triomphé, c'est autant par les écrivains et les orateurs qui ont entraîné la foule que par « les trois glorieuses. » En 1832 la subvention de l'État aux écoles primaires est déjà d'un million. La loi de 1833 consacre ces bonnes volontés.

Les connaissances enseignées sont plus nombreuses. Mais l'enseignement conserve, quoique atténué, le caractère religieux nécessaire à un peuple auquel le ciel a daigné accorder les bonheurs d'une monarchie.

Art. 1er. « L'instruction primaire est élémentaire ou supérieure. L'instruction primaire élémentaire comprend nécessairement l'instruction morale et religieuse, la lecture, l'écriture, les éléments de la langue française et du calcul, le système légal des poids et mesures. — L'instruction primaire supérieure comprend nécessairement, en outre, les éléments de la géométrie et ses applications usuelles, spécialement le dessin linéaire et l'arpentage, des notions des sciences physiques et de l'histoire naturelle applicables aux usages de la vie ; le chant, les éléments de l'histoire et de la géographie, et surtout de l'histoire et de la géographie de la France. »

Cette instruction peut être donnée dans des établissements publics ou privés. Pour ces derniers la loi est très bienveillante, mais elle leur impose certaines conditions dans l'intérêt même de l'instruction. La profession d'instituteur, qui peut être embrassée dès l'âge de dix-huit ans, nécessite la présentation au maire de la commune où l'on veut exercer d'un brevet de capacité délivré après examen par des commissions spéciales que nomme le ministre de l'instruction publique.

A ce brevet, il faut joindre un certificat de moralité. Il faut enfin n'avoir jamais eu de condamnations à une peine afflictive ou infamante.

Les écoles publiques sont celles qu'entretient l'Etat, la commune ou le département. Toute commune doit en avoir au moins une, et si elle a plus de six mille âmes, une école primaire supérieure. Au besoin, la commune pourra se joindre à ses voisines pour avoir son école. L'instituteur recevra un logement convenable et un traitement fixe, d'au moins deux cents francs. Ce traitement lui sera fourni par la commune qui y consacrera jusqu'à trois centimes additionnels. Le département et l'État y contribueront par des subventions. Outre ce traitement fixe, l'instituteur recevra une rétribution mensuelle déterminée par le conseil municipal, proportionnelle aux nombres des élèves, et payée par leurs parents. Les enfants pauvres seront admis gratuitement, dans un nombre déterminé.

L'école sera surveillée par un comité local composé du maire, du curé et de plusieurs notables. Le prêtre aura donc sa part d'influence sur l'enseiguement primaire, mais une influence qui ne dépassera pas celle des autres membres. Dans chaque arrondissement, un comité composé de nombreuses personnes, conseillers généraux, ministres du culte, délégués du ministre de l'instruction, etc. et présidé par le sous-préfet, surveillera lui-même les comités locaux. Il adressera un rapport annuel au préfet et au ministre. Il pourra faire suspendre les instituteurs infidèles. Il veillera à la salubrité des écoles, privées ou publiques. Le Conseil royal de l'instruction publique, institué déjà en 1808 par Napoléon sous le nom de Conseil de l'Université comme son régulateur suprême, connaîtra de toutes les matières intéressant l'enseignement primaire. Chaque département devra entretenir une école normale d'instituteurs.

Enfin l'ordonnance du 23 juin 1836 organisa les écoles primaires de filles dans le même esprit que la loi de 1833.

Cette loi était donc, pour l'époque, satisfaisante. N'établissant pas la gratuité de l'enseignement primaire, qui ne semblait pas encore aussi nécessaire qu'aujourd'hui, elle ne pouvait en poser l'obligation, seule garantie absolue d'une loi semblable. Le programme de l'enseignement primaire était encore rudimentaire. Cependant telle qu'elle était, elle réalisait un immense progrès. Une loi est bonne surtout par l'application qu'on en fait. Or le gouvernement avait le ferme vouloir de l'appliquer. Les résultats furent rapides. En 1850, l'enseignement primaire, auquel l'État accordait une subvention de plus de deux millions et qui était gratuit pour le tiers au moins des élèves, comptait 63.000 écoles et 3.787.000 enfants. En vingt ans, le nombre des écoles avait doublé, celui des écoliers triplé. Et les écoles normales d'instituteurs, dont il n'existait qu'une en 1815, étaient au nombre de 78.

Il semblait donc que l'enseignement primaire fût en bonne voie. Des améliorations s'imposaient, comme à toute organisation sociale, dont le progrès est indéfini. Mais elles pouvaient être résolues peu à peu. La loi de 1833 créait une utile concurrence entre l'enseignement public et l'enseignement privé. L'Etat conservait bien ta haute direction sur celui-ci. Mais il lui rendait l'existence très facile. La religion avait sa place nécessaire dans l'école, sans pour cela y dominer. L'édifice élevé par Guizot reposait sur des bases bien conçues.

Malheureusement les évènements politiques devaient le jeter à bas. Le 24 février 1848 la monarchie constitutionnelle disparaissait. La République de Lamartine et de Barbès, des poètes et des révolutionnaires essayait de faire renaître l'âge d'or et aboutissait aux journées de juin. Les conservateurs de toutes nuances, légitimistes et orléanistes, cléricaux et bonapartistes se coalisèrent pour ramener ce qu'ils appelaient l'ordre et, comme à toute époque de réaction, la religion parut le grand principe sauveteur des sociétés. On sait le mot de Cousin à M. de Rémusat, au lendemain du 24 février, Cousin dont on avait pourtant interdit le cours en 1828, en tant que *philosophe* : « Courons nous jeter aux pieds des évêques ; eux seuls peuvent nous sauver aujourd'hui.»

Les évêques accueillirent avec indulgence les repentants. Mais ils leur firent payer cher la prétendue infériorité où l'on avait placé l'Eglise. Celle-ci songea tout d'abord à ressaisir sa meilleure arme, l'instruction, et la loi du 15 mars 1850 replaça tout l'enseignement sur des bases nouvelles.

Les grandes lignes de la loi de 1833 sont maintenues pour les écoles primaires. Le programme obligatoire reste le même. Le traitement, les obligations de l'instituteur public communal ne se modifient guère ainsi que le système financier, la contribution de la commune, du département et de l'Etat, et la rétribution des parents. La surveillance est confiée au *conseil académique* du département qui nomme des délégués pour surveiller les écoles de chaque canton. L'inspection proprement dite, la surveillance, non plus à un point de vue général, mais au point de vue particulier de l'enseignement, est confiée dans chaque arrondissement à un inspecteur de l'enseignement primaire, présenté par le conseil académique et nommé par le ministre. A la tête des inspecteurs primaires sont deux inspecteurs supérieurs qui relèvent eux-mêmes, comme tout le corps enseignant, du conseil supérieur de l'instruction publique. Le recteur de l'académie dirige tous les instituteurs, qu'il peut suspendre ou révoquer.

Les grands changements que la loi établit, et qui montrent son caractère réactionnaire, sont relatifs aux écoles libres. La loi de 1833 exigeait de l'instituteur libre un brevet de capacité. Ce brevet subsiste toujours, mais il peut être remplacé de plusieurs façons, par un certificat du conseil académique prouvant qu'on a été sous-maître pendant au moins trois ans, « ou par le titre de ministre, non interdit, ni révoqué, de l'un des cultes reconnus par l'Etat. » Pour ouvrir une école il faut déclarer son intention au maire de la commune où l'on veut enseigner et lui fournir des renseignements sur sa vie passée. Même déclaration doit être faite au recteur, au procureur et au sous-préfet. Si le recteur n'y fait pas d'oppositions dans l'intérêt des mœurs publiques, l'école est constituée. L'inspection n'a sur l'école libre que des droits restreints. Art. 21. « L'inspection des écoles publiques s'exerce conformément aux règlements délibérés par le conseil supérieur. Celle des écoles libres porte sur la moralité, l'hygiène et la salubrité. Elle ne peut porter sur l'enseignement que pour vérifier s'il n'est pas contraire à la morale, à la constitution et aux lois. »

Ainsi l'instituteur libre, congréganiste le plus souvent, pourra enseigner ce qu'il voudra et surtout ce qu'il saura, pourvu que ce ne soit pas contraire à la morale. Mais qui viendra exercer cette inspection morale ? Le ministre du culte lui-même, auquel la loi de 1850 accorde désormais la suprématie dans l'école. Non seulement un curé de l'arrondissement et un autre ecclésiastique désignés par l'archevêque se réunissent de droit aux délégués cantonaux du conseil académique pour discuter des intérêts de l'enseignement primaire, ce qui n'est que juste et avait été déjà établi par la loi de 1833 avec les comités d'arrondissement, mais l'art. 44 dispose : « Les autorités locales préposées à la surveillance et à la direction morale de l'enseignement primaire sont, pour chaque école, le maire, le curé, le pasteur ou le délégué du culte israëlite, et dans les

communes de deux mille âmes et au-dessus un ou plusieurs habitants de la commune, délégués par le conseil académique. Les ministres des différents cultes
sont spécialement chargés de surveiller l'enseignement
religieux de l'école. L'entrée de l'école leur est toujours
ouverte ». Cette dernière phrase est significative. En
apparence l'ecclésiastique n'entrait dans l'école que
pour y surveiller l'enseignement religieux, ce qui était
son droit. En réalité, il pouvait surveiller l'instituteur
dans tout son enseignement et le tenir sous sa main.
La loi ne cachait pas, du reste, la sympathie extrême
qu'elle éprouvait pour les instituteurs ecclésiastiques.
Art. 31. « Les instituteurs communaux sont nommés
par le conseil municipal de chaque commune, et choisis soit sur une liste d'admissibilité et d'avancement
dressée par le conseil académique du département,
soit sur la présentation qui est faite par les supérieurs pour les membres des associations religieuses
vouées à l'enseignement et autorisées par la loi ou
reconnues comme établissements d'utilité publique. »
L'enseignement primaire des filles, qui devaient avoir
dorénavant une école dans chaque commune comptant
plus de 800 habitants, était même abandonné à l'Eglise.
Tandis que les institutrices laïques devaient posséder
un brevet de capacité conquis après examen, celles qui
appartenaient aux congrégations religieuses enseignantes n'avaient qu'à produire des lettres d'obédience.

C'était la suprématie donnée au prêtre dans l'école.
Celui-ci sut en tirer parti. Six cent onze instituteurs
sont révoqués aussitôt après la loi de 1850, sur laquelle
Taine peut porter le jugement suivant : « C'est l'Eglise

qui se fait la meilleure part, prend l'ascendant, donne la direction. Car non seulement elle profite de la liberté (de l'enseignement privé) décrétée et en profite presque seule, pour fonder en vingt ans près de cent collèges ecclésiastiques et pour placer partout des frères ignorantins dans les écoles primaires, mais encore, en vertu de la loi, elle met dans le conseil supérieur de l'Université quatre évêques ou archevêques ; en vertu de la loi, elle met dans chaque conseil académique et départemental l'évêque diocésain avec un ecclésiastique désigné par lui ; d'ailleurs, par son crédit auprès du gouvernement central, elle jouit de toutes les complaisanses administratives. Bref, d'en haut et de près, elle conduit, réprime, régente l'Université laïque, et de 1849 à 1859 la domination et l'ingérence ecclésiastiques, les tracasseries, les destitutions, les disgrâces renouvellent le régime qui de 1821 à 1828 a déjà sévi. Comme sous la Restauration, l'Eglise a mis sa main dans celle de l'Etat pour manœuvrer de concert avec lui la machine scolaire, mais comme sous la Restauration, elle s'est réservé la haute main, et bien plus que lui, c'est elle qui manœuvre. En somme, sous le nom, l'affiche et la proclamation théorique de la liberté pour tous, le monopole universitaire se reconstitue, sinon de droit, du moins de fait, et en faveur de l'Eglise. »

La loi de 1850 fut donc un recul. Mais elle ne put arrêter complètement l'impulsion donnée en 1833. Le nombre des écoles et des écoliers s'accrut dans la même proportion. On sentait la nécessité croissante de l'instruction, quelle que soit sa source. Ce n'est pas au progrès matériel de l'enseignement primaire que la loi

de 1850 porte atteinte, c'est à son progrès moral.
L'État et les congrégations s'imposent des sacrifices.
A partir de 1865, le ministère de l'instruction confié à
M. Duruy donne une vive impulsion à l'enseignement
primaire et la loi du 10 avril 1867 favorise les écoles de
filles et les écoles des hameaux isolés. En 1877 le nombre des enfants reçus gratuitement est déjà de 57 0/0
dans les écoles publiques, des 2/3 dans les écoles congréganistes. En 1850, il y avait 63.000 écoles libres ou
communales. En 1882, à la fin du régime de 1850, il y
en a exactement 75.635 (56.210 laïques, 19.425 congréganistes) avec 3.567.861 élèves laïques et 1.773.350
élèves congréganistes. Les progrès sont donc aussi satisfaisants qu'on pouvait s'y attendre avec la loi alors
en vigueur.

Mais celle-ci ne pouvait durer. Sans même s'arrêter
à son caractère réactionnaire, on doit remarquer qu'elle
n'a résolu aucune des grandes questions que la Révolution avait déjà agitées en cette matière. L'enseignement n'est ni gratuit ni obligatoire, et forcément de
nombreux enfants y sont encore soustraits. La durée
minimum de l'enseignement n'est pas non plus fixée,
et l'enfant est souvent repris trop tôt par sa famille.

Or, depuis 1850, les idées se sont modifiées, en même
temps que l'état politique de la France. 1870 est venu.
La République a ramené une liberté plus grande. La
défaite nous a montré nos faiblesses : derrière les ar-
mées puissantes et la patience habile de l'Allemagne,
des esprits ingénieux ont découvert que le véritable
vainqueur de Sadowa et de Sedan était le maître
d'école prussien. On ne veut plus de l'enseignement

facultatif; il faut que tous les jeunes esprits soient soumis aux mêmes méthodes pour obtenir enfin une France homogène et puissante par la communion des pensées. Une reconstruction de l'école primaire s'impose.

On l'accomplit enfin, lorsque la République, libérée du 16 mai et gagnant sans cesse du terrain, fut assez forte pour imprimer à la législation sa particulière empreinte. En 1850, l'Eglise avait brisé à son profit l'équilibre établi tant bien que mal entre le pouvoir ecclésiastique et le pouvoir civil par le législateur de 1833. Par un fatal retour, celui de 1881 devait donner à l'Etat la suprématie et rejeter l'Eglise dans une position inférieure. Il est difficile de garder une juste appréciation sur ce point. Ou l'on traite les lois scolaires actuelles de *scélérates* et l'on tombe dans le ridicule d'un dévot fielleux, où l'on en fait le palladium de la liberté, et pour être républicain, on n'en est pas moins outré. Mais tout en gardant la juste mesure, on doit reconnaître que l'abolition des privilèges de l'Eglise était nécessaire et que les principes de l'enseignement primaire actuel sont justes.

Pour permettre à chaque famille de faire instruire ses enfants, il fallait d'abord lui en donner le moyen, il fallait rendre l'enseignement primaire gratuit. C'est une vérité élémentaire. Puisque l'Etat considère l'instruction de l'enfant comme un devoir public, c'est à lui à en prendre la charge. Sans doute les dépenses seront augmentées considérablement et ce sera en dernier état chaque citoyen qui supportera les frais de ce nouveau service. Mais la dépense sera en quelque sorte anonyme et par cela même moins dure, elle sera surtout supportée par tous et réduite ainsi pour chacun à une très faible somme. La première loi qui toucha au système scolaire, celle du 16 juin 1881, décréta donc la gratuité absolue de l'enseignement primaire dans les écoles publiques : Art. 1er. « Il ne sera plus perçu de rétribution dans les écoles primaires publiques, ni dans les salles d'asile publiques. » Les dépenses ainsi entraînées étaient mises obligatoirement à la charge de la commune et du département, au moyen de quatre centimes spéciaux additionnels au principal des contributions directes. Une part des taxes perçues par la commune sur différents objets, taxe d'octroi, droits de voirie, taxe sur les chiens, devait être prélevée en faveur des écoles communales. L'Etat en outre suppléerait au manque de ressources par une subvention générale. C'était le système de 1850, mais qui cette fois serait exécuté sérieusement, car la rétribution scolaire ne serait plus là pour soulager le budget.

En donnant gratuitement l'instruction à tous les enfants, l'Etat mettait désormais à néant l'objection que l'on pouvait faire autrefois à l'enseignement obligatoire, basée sur l'impossibilité pour certains parents de payer la rétribution scolaire, et l'humiliation qu'ils éprouvaient à voir leurs enfants admis gratuitement pour cause d'indigence. L'Etat, désormais, a le droit de vouloir que chacun, durant son enfance, reçoive les connaissances qui pourront en faire un citoyen utile. Là encore, les partisans de la toute-puissance de l'autorité paternelle résistèrent. Ils proclamaient que seul le père est juge des besoins de son enfant. Mais ces arguments par trop vieillots n'avaient plus de force.

Dans une nation où chacun, contribuant pour sa part à la puissance et à la grandeur du pays, est responsable aussi de sa faiblesse et de son infériorité, l'intérêt social doit primer celui des particuliers. L'obligation de l'enseignement primaire fut donc posée par la loi du 28 mars 1882, la plus importante des lois scolaires, celle qui a suscité le plus de colère et d'amertume.

Toute obligation doit être nettement définie et soigneusement délimitée. Il fallait d'abord fixer pendant quelle période de la vie l'enfant serait envoyé à l'école. La loi de 1882 ordonne que l'instruction primaire lui soit donnée de six à treize ans révolus. Auparavant l'école maternelle, dont les hautes classes, dites *classes enfantines*, enseignent déjà quelques éléments d'instruction primaire, reçoit l'enfant. Plus tard l'atelier le réclame, car l'on ne peut priver trop longtemps la famille des ressources qu'il offrira par son travail. Mais si l'Etat entend que tout enfant de six à treize ans reçoive certaines connaissances, il n'exige pas cependant qu'il les reçoive forcément à l'école publique. Il n'entend pas monopoliser à son profit l'enseignement primaire, et c'est ce qui sépare sur ce point l'Etat républicain de l'Etat socialiste. L'instruction peut donc être donnée également dans les établissements libres, pourvu que ceux-ci se soumettent à certaines règles. Elle peut même être donnée dans la famille « par le père de famille lui-même ou par toute personne qu'il aura choisie. »

Tous les enfants devant recevoir l'enseignement primaire, il est nécessaire de connaître exactement leur nombre. Chaque année le maire, assisté de la commission scolaire dont je parlerai plus loin, dresse la liste de tous les enfants en âge d'aller à l'école et avise leurs parents de la rentrée des classes. Quinze jours avant cette date, ceux-ci doivent faire savoir an maire quelle instruction ils entendent donner à l'enfant, s'ils veulent l'envoyer dans une école publique, dans une école privée, ou le garder dans sa famille. La loi de 1882 (a. 16) ordonne que les enfants ainsi élevés subissent à la fin de chaque année scolaire un examen devant un jury spécial, pour vérifier s'ils ont reçu les connaissances exigées. Mais ce cas est fort rare. En 1887, on ne comptait que 9.905 enfants recevant l'instruction primaire dans leur famille.

En rendant l'instruction obligatoire, il fallait la mettre à même de satisfaire aux besoins nouveaux, rendre son programme plus étendu et plus varié qu'il ne l'avait été jusqu'alors. C'est à quoi s'est attaché l'art. 1er de la loi. On peut même lui reprocher d'être allé trop loin et d'avoir surchargé les programmes. Art. 1er. « L'enseignement primaire comprend : l'instruction morale et civique ; la lecture et l'écriture ; la langue et les éléments de la littérature française ; la géographie, particulièrement celle de la France ; l'histoire, particulièrement celle de la France jusqu'à nos jours ; quelques notions usuelles de droit et d'économie politique ; les éléments des sciences naturelles, physiques et mathématiques ; leurs applications à l'agriculture, à l'hygiène, aux arts industriels, travaux manuels et usage des outils des principaux métiers ; les éléments du dessin, du modelage et de la musique ; la gymnastique ; pour les garçons, les exercices militaires ; pour les filles, les travaux à l'aiguille. — L'art. 23 de la loi du 15 mars 1850 est abrogé. »

La première et la dernière phrase de cet article indiquent tout de suite le changement radical opéré dans l'instruction primaire : la suppression de l'enseignement religieux. Dans les écoles privées, il reste facultatif. Dans les écoles publiques, il est aboli. C'est là le point douloureux des lois scolaires, le problème le plus complexe qu'elles soulèvent. Ce paragraphe a donné lieu à d'innombrables dissertations. Tout a été dit pour ou contre. Il me semble pourtant intéressant de reproduire les paroles par lesquelles M. Paul Bert, rapporteur de la loi et son véritable promoteur, expliquait cette innovation : « Comment pourrait-on condamner un père de famille qui vous dirait : Je comprends l'importance de l'obligation qui m'est imposée, j'accepte et j'approuve votre loi qui d'une obligation morale me fait une obligation légale. Mais comme je ne puis instruire moi-même ou faire instruire mon enfant, je refuse de l'envoyer à l'école publique, où il recevra un enseignement religieux que je repousse. Je sais que j'agis contre son intérêt. Je sais qu'il est par là frappé d'infériorité sociale. Je sais que son avenir est en péril, mais il y a quelque chose que je prise plus haut que son intérêt matériel, plus haut que sa situation sociale, plus haut même que la science acquise, c'est l'intégrité conservée de sa conscience. Je ne veux pas, moi protestant, envoyer mon enfant à l'école catholique, je ne le veux pas parce qu'on lui donnera l'enseignement catholique ; je ne le veux pas non plus moi juif, parce qu'on lui donnera un enseignement chrétien ; enfin je ne le veux pas, moi classé comme catholique, qui n'ai eu cependant de rapports avec la religion catholique qu'au premier jour de ma naissance, alors qu'on m'a porté sur les fonts baptismaux, je ne veux pas qu'on donne à mon enfant l'enseignement catholique.

Voilà ce que dirait le père de famille à l'enfant duquel vous voudriez imposer l'enseignement religieux comme conséquence de l'obligation. Voilà ce qu'il dirait et, je vous le demande, quelle loi, quel juge pourra le condamner ?

D'où la nécessité de neutraliser l'école, d'en élever l'enseignement religieux et confessionnel pour le rendre au fonctionnaire qui a pour rôle naturel de le donner, c'est-à-dire au prêtre ; cette neutralisation de l'école nous a paru intimement liée à l'obligation et en être la condition première.

L'école devra donc être ce qu'on appelle en France laïque, en Hollande neutre, et dans les pays anglo-américains, *unsectarian.* »

Il ne serait pas difficile de montrer toute la spéciosité de ces arguments. La plupart des parents sont incapables en effet de donner à l'enfant l'enseignement religieux. Et si les prêtres instruisaient tous les enfants en dehors de l'école, cela même ne suffirait pas. Dans l'enfance, l'abstraction est une faculté absente. L'enfant ne peut voir les choses sous différents aspects, religieux, historique, scientifique. Si l'instituteur ne lui enseigne pas les grands traits de l'histoire religieuse en même temps que les autres matières du programme, l'enfant conclura inconsciemment que l'un des deux enseignements n'est pas vrai, le laïque ou le religieux, et il doutera bien plutôt du second qui, moins souvent donné, lui fera moins d'impression. Enlever la religion de l'école, c'est bien l'enlever peu à peu du peuple. Mais la conserver à l'école n'était pas moins dangereux. L'Eglise avait abusé de son rôle. Le prêtre avait voulu asservir l'instituteur. Une solution devenait indispensable ; on y a répondu par un compromis. Ce que le législateur de 1882 a voulu, c'est la neutralité religieuse de l'école, et nullement son irréligion. L'art. 2 le prouve bien : « Les écoles primaires publiques vaqueront un jour par semaine, en outre du dimanche, afin de permettre aux parents de faire donner s'ils le désirent à leurs enfants l'instruction religieuse en dehors des édifices scolaires. » Ces sentiments manifestement pacifiques ont pu être violés. Ils l'ont été trop souvent et l'intolérance anticléricale a riposté à l'intolérance de l'Eglise. Mais c'est la faute de ceux qui ont appliqué la loi, non de la loi elle-même.

L'instruction ainsi distribuée à tous, il était habile, pour la rendre plus séduisante, d'accorder des récompenses aux meilleurs élèves. Quelle plus noble récompense, dans ce pays de mandarinisme, qu'un beau diplôme ? Ainsi fut institué le certificat d'études primaires. Art. 6. L. 1882 : « Il est institué un certificat d'études primaires ; il est décerné après un examen public auquel pourront se présenter les enfants dès l'âge de onze ans. Ceux qui à partir de cet âge auront obtenu le certificat d'études primaires seront dispensés du temps de scolarité obligatoire qui leur restait à passer. »

Cet examen porte sur tout le programme des études

primaires, moins chargées que ne pourrait le faire croire la loi de 1882. L'art. 1 cité plus haut a en effet mêlé l'enseignement primaire élémentaire et l'enseignement primaire supérieur. Le programme du premier, qui va jusqu'à treize ans et tel que l'a fixé le décret du 18 janvier 1887, comprend seulement l'enseignement moral et civique, la lecture et l'écriture, la langue française, le calcul et le système métrique, l'histoire et la géographie, spécialement de la France, les leçons de choses et les premières notions scientifiques, principalement dans leur application à l'agriculture ; les éléments du dessin, du chant et du travail manuel (travaux d'aiguille pour les filles) et les exercices gymnastiques et militaires. C'est déjà un ensemble de connaissances assez lourd pour des enfants de treize ans.

En perfectionnant l'enseignement, en augmentant le programme, il fallait perfectionner aussi le corps enseignant, exiger des instituteurs des connaissances plus grandes et leur donner par contre plus d'indépendance.

La loi du 16 juin 1881, relative aux titres de capacité de l'enseignement primaire, s'est attachée au premier de ces besoins. Le maître d'école, qui doit avoir au moins vingt-un ans, le sous-maître âgé au minimum de dix-huit ans, doivent être pourvus d'un brevet de capacité, brevet élémentaire pour les écoles primaires proprement dites, brevet supérieur pour les écoles primaires supérieures que j'étudierai plus loin. A ce brevet, il faut joindre un certificat d'aptitude pédagogique. Que l'instituteur soit public ou privé il doit posséder ces diplômes. Toutes les équivalences établies par la loi de 1850, titre de ministre d'un culte reconnu, lettres d'obédience pour les institutrices religieuses, sont supprimées. L'examen nécessaire pour obtenir ce brevet comprend trois séries d'épreuves, écrites et orales, portant sur toutes les matières que l'instituteur aura à enseigner.

Les conditions d'existence des écoles primaires privées n'ont guère changé. Les règles pour l'ouverture d'une école sont restées les mêmes. L'enseignement ne peut y être surveillé qu'en ce qu'il n'est pas contraire à la morale, à la Constitution et aux lois. L'inspection porte sur la moralité, l'hygiène, la salubrité et sur l'exécution des obligations imposées à ces écoles par la loi du 28 mars 1882. La situation faite à l'enseignement privé n'est donc pas aussi intolérable qu'on a bien voulu l'avancer. Mais en exigeant de tout instituteur le brevet de capacité, on a contribué à rendre partout l'enseignement satisfaisant.

L'indépendance morale nécessaire à l'instituteur a été fortifiée, du moins on l'espérait, en enlevant au prêtre son influence dans l'école. Cette expulsion est le trait caractéristique des lois nouvelles, comme la prédominance ecclésiastique avait été celui de la loi antérieure. La loi du 28 mars 1882 (art. 3) déclare : « Sont abrogées les dispositions des articles 18 et 44 de la loi du 15 mars 1850, en ce qu'elles donnent aux ministres des cultes un droit d'inspection, de surveillance et de direction dans les écoles primaires publiques et privées et dans les salles d'asile, ainsi que le paragraphe 2 de l'article 31 de la même loi qui donne aux consistoires le droit de présentation pour les instituteurs appartenant aux cultes non catholiques. »

Cette disposition était légitime puisqu'on supprimait l'enseignement religieux. La loi du 30 octobre 1886, sur l'organisation de l'enseignement primaire, loi développée elle-même par le décret du 18 janvier 1887 et l'arrêté ministériel du même jour, l'aggrava encore et lui donna peut-être un caractère vexatoire. Art. 17. « Dans les écoles publiques, de tout ordre, l'enseignement est exclusivement confié à un personnel laïque. » Art. 18. « Aucune nomination nouvelle, soit d'instituteur, soit d'institutrice congréganistes, ne sera faite dans les départements où fonctionnera depuis quatre ans une école normale, soit d'instituteurs, soit d'institutrices.

» Pour les écoles de garçons, la substitution du personnel laïque au personnel congréganiste devra être complète dans le laps de cinq ans après la promulgation de la présente loi. »

De là ces laïcisations qui se sont répétées depuis quelques années, et où l'étroitesse radicale s'est montrée presque supérieure à « l'obscurantisme clérical. »

Les autorités préposées à l'inspection et à la surveillance des écoles primaires sont organisées sur la même base qu'en 1850, mais avec plus de détails. Les inspecteurs primaires conservent les mêmes attributions. Les écoles de filles, qui doivent exister dans chaque commune ayant au moins 500 habitants, ont aussi leurs inspectrices. Mais un *conseil départemental de l'enseignement primaire* est institué par la loi du 30 octobre 1886. Présidé par le préfet, composé de conseillers généraux, de deux instituteurs, de deux inspecteurs primaires, etc. il connaît de tout ce qui intéresse l'enseignement primaire dans le département. Il choisit parmi ses membres des délégués cantonaux pour surveiller les écoles. Chaque école communale a surtout sa *commission municipale scolaire* établie par l'art. 5 de la loi du 28 mars 1882. Le maire la dirige, elle est formée d'un délégué cantonal, du tiers au plus des conseillers municipaux et de l'inspecteur primaire. C'est elle qui dresse la liste des enfants qu'il faut envoyer à l'école et qui veille à l'exécution de la loi. Mais elle ne peut « dans aucun cas s'immiscer dans l'appréciation des matières et des méthodes d'enseignement. » Son rôle se réduit en somme à punir les parents qui méprisent la loi.

Toute obligation implique en effet une sanction. Ordonner aux parents d'envoyer leurs enfants à l'école, sans les punir au cas où ils refuseraient, serait chose vaine. Puisqu'on admet pour l'Etat le droit de proclamer obligatoire l'instruction primaire, on doit lui fournir les moyens de se faire obéir. Les réclamations des adversaires de la loi, qui veulent bien de l'instruction générale mais se rebellent au nom de la puissance paternelle à la seule idée de contrainte, ne se comprennent pas. La loi s'est du reste efforcée de ne prononcer que des pénalités très peu sévères.

Tout école doit avoir un registre sur lequel sont consignées les absences des élèves. A la fin de chaque mois, le directeur adresse au maire et à l'inspecteur primaire un extrait de ce registre, avec l'indication du nombre des absences et des motifs invoqués. Si le directeur d'une école privée néglige ce devoir, il peut être averti, censuré ou même suspendu.

La commission scolaire statue sur les absences. Les motifs légitimes sont la maladie de l'enfant, le décès d'un membre de la famille, la difficulté accidentelle des communications. D'autres motifs exceptionnels peuvent être admis par la commission. Mais si l'enfant a manqué, sans justification admise, au moins quatre classes dans le mois (la classe durant trois heures le matin et trois l'après-midi pendant cinq jours par semaine) la personne qui l'élève est citée devant la commission. Dans la Salle des Actes de la mairie, sous le buste de la République, on lui rappelle ses devoirs. Si l'enfant récidive, le nom des parents et le fait relevé contre eux sont affichés pendant quinze jours ou un mois à la porte de la mairie. En cas d'une nouvelle récidive, la famille de l'enfant semble mettre du mauvais vouloir à lui laisser faire l'école buissonnière, si même elle ne l'emploie pas à ses propres travaux. Une plainte est alors adressée au juge de paix, qui pourra prononcer des peines de police, quelques jours d'emprisonnement. Ce dernier moyen n'est du reste presque jamais employé. On préfère fermer les yeux sur l'insubordination des parents ou des enfants.

Du reste la commission, approuvée par l'inspecteur, a le droit d'accorder aux enfants des congés extraordinaires de rois mois au plus en dehors des vacances. Souvent l'enfant, à certaines époques, est très utile à sa famille, ainsi lors des récoltes. La commission peut même, avec l'approbation du conseil départemental, dispenser d'une des classes de la journée, pour toute l'année, les enfants déjà en apprentissage ou ceux employés hors de leur famille à l'agriculture, comme les petits gardiens de bestiaux, si nombreux dans les campagnes.

L'économie générale du système scolaire actuel est, on le voit, très nette. Elle fait de l'instruction primaire un service public aux côtés duquel elle laisse subsister l'enseignement privé, mais en lui imposant ses diplômes et son inspection, atténuée il est vrai. Comme tout système, celui-ci mérite des éloges et doit recevoir des critiques. Suivant en sens contraire la réaction de 1850, la République a certainement trop républicanisé l'instruction, ou pour mieux dire, en a trop fait une machine d'Etat. L'instituteur a-t-il vraiment gagné en indépendance à être débarrassé du prêtre ? En réalité il n'a fait que changer de maître et la commission scolaire, que représente le maire, n'est souvent pas plus tolérante. L'école était autrefois un instrument de cléricalisme, comme disaient les adversaires de l'Eglise, encore que le mot de cléricalisme n'ait été mis à la mode que par Gambetta. Elle est aujourd'hui un instrument de radicalisme. L'un ne vaut pas mieux que l'autre. Mais ces défauts sont contingents. En elle-même la loi est incontestablement pacifique. La prétendue persécution dont se plaignent les catholiques leur a d'ailleurs servi et les frères des écoles chrétiennes ont vu, depuis 1881, augmenter considérablement leurs élèves. Ce n'est pas comme augmentation des écoles publiques au détriment des écoles privées que les lois scolaires ont produit le plus d'effet. Leur résultat le plus salutaire a été le perfectionnement des études. Le progrès par rapport au

nombre des écoles et des élèves a du reste été constant.
En 1881, il y avait, ai-je dit, 75.635 écoles, dont 19.425
congréganistes, et 56.210 laïques. En 1887, nous en
trouvons 80.209 (56.711 publiques laïques, 3.936 privées laïques, 9.097 publiques congréganistes, 9.565
privées congréganistes). En 1889, elles ont faiblement
accru et ont atteint le chiffre de 80.713. Sur 1.000 écoles, 832 sont publiques, 168 privées. De ces dernières
136 sont congréganistes, les autres appartiennent à des
institutions de bienfaisance ou sont tenues par des instituteurs libres dans un but lucratif. Les israélites, les
protestants ont leurs écoles religieuses particulières. Il
y a environ 1.400 écoles libres protestantes, soutenues
par la Société pour l'encouragement de l'instruction,
fondée et autorisée par ordonnance royale en 1829. Le
nombre des élèves a cru également. En 1882, 5.341.211.
en 1887, 5.526.365 ; en 1889, 5.545.400. Dans cette
dernière année, les élèves inscrits se répartissaient en
3.851.892 dans les écoles laïques, 1.693.508 dans les
écoles congréganistes. Celles-ci ont certainement perdu
aux lois nouvelles. Les écoles publiques congréganistes
ont diminué de 2.168, et perdu 209.474 élèves. Mais
l'enseignement catholique libre, celui des ignorantins
surtout, s'est accru notablement. 1.405 écoles et 143.379
élèves nouveaux ont été pour lui le profit des lois scélérates. Il est vrai que sur plus d'un point, l'école privée nouvelle n'a été que la transformation de l'école
publique laïcisée. La perte générale qu'a subie, de 1882
à 1887, l'enseignement congréganiste se chiffre donc
par 763 écoles supprimées et 66093 élèves disparus.

Les statistiques ne sont pas du reste toujours convaincantes. Ainsi, une autre statistique contenue dans le même rapport de 1889 nous donne un chiffre plus réel. Le nombre officiel de 5.526.365 élèves dans les écoles primaires en 1887, est en réalité, par suite d'inscriptions doubles et d'autres menues erreurs, 4.665.088 enfants de 6 à 13 ans révolus, plus 477.883 enfants de 13 à 16 ans en retard dans leurs études et forcés de suivre encore l'école primaire.

Nous avons ainsi, sur 4.729.511 enfants de 6 à 13 ans recensés en 1886, 4.665.088 inscrits à l'école, soit la presque totalité. Mais le nombre des présences est encore plus important à connaître. Il renseigne d'une façon vivante sur les progrès de l'enseignement primaire. Le rapport des élèves présents aux élèves inscrits est d'environ 89 0/0. Sur les 5.142.971 élèves de 6 à 16 ans suivant l'école en 1887, 4.577.181 ont donc profité d'une manière constante de l'instruction qui leur était donnée. La plupart des enfants capables d'aller à l'école reçoivent donc aujourd'hui les connaissances nécessaires.

On sait du reste les sacrifices que la France s'est imposés pour perfectionner son œuvre scolaire, l'ambition, touchante en somme, chez chaque commune, de posséder la plus belle école. La part seule de l'Etat dans ces dépenses, se monte pour le budget de 1894 à près de 140 millions, frais d'inspection, de personnel, d'écoles normales, qu'on s'efforce de rendre aussi bonnes que possible, et dont on trouvait en 1888, 172, 90 pour les instituteurs et 82 pour les institutrices.

Augmenter le nombre des élèves, accroître leur science n'a pas été en effet le seul désir poursuivi. On a voulu améliorer sans cesse la situation de l'instituteur, élever des écoles plus hygiéniques et mieux aménagées. De 1878 à 1887, les sommes dépensées pour les bâtiments et le matériel scolaire s'élevaient déjà à 527.500.000 francs. Les caisses des écoles, établies par la loi du 10 avril 1867 et qui étaient très peu nombreuses en 1880, augmentaient subitement, chacune étant chargée des dépenses scolaires de la commune et alimentée par celle-ci et par l'Etat. En 1887, nous en trouvons 16.954. Les dépenses totales de cette année-là atteignaient 173 millions, soit 40 fr. 17 c. par enfant. Enfin, les maîtres et les maîtresses, surveillés par 456 inspecteurs primaires, étaient au nombre de 137.215 (39,924 privés, 97.291 publics).

Leur traitement a été augmenté à plusieurs reprises et fixé enfin à un taux raisonnable. La loi du 19 juillet 1889 « sur les dépenses ordinaires de l'instruction primaire publique et les traitements du personnel de ce service » en établit l'économie actuelle. Elle fixe des catégories minutieuses dont l'énumération serait ici lassante. Les instituteurs sont divisés en titulaires et stagiaires. Les titulaires, répartis en cinq classes, reçoivent 1.000 francs au moins et 2.000 francs au plus de traitement fixe. Le logement et une indemnité de résidence de 100 à 800 francs suivant la cherté de la vie dans le lieu où ils doivent enseigner leur sont en outre accordés. A Paris cette indemnité peut même atteindre 2.000 francs. Les stagiaires, qui jouissent des mêmes avantages supplémentaires, ont un traitement fixe de 800 francs par an. Quant aux maîtresses, les catégories sont les mêmes, mais leurs traitements plus faibles.

Les résultats n'ont pas déçu complètement les espérances qu'on formait, s'ils ne les ont pas réalisées encore entièrement. Sans doute on a dû renoncer à certains beaux rêves, comme de militariser toute la jeunesse, au moyen de ces bataillons scolaires institués par la loi du 27 janvier 1880, où des sergents de neuf ans n'avaient de militaire que les jurons. Mais des progrès plus utiles ont été obtenus. Le nombre des illettrés diminue sans cesse : bientôt on ne connaîtra plus de ces gens ne sachant ni lire ni écrire, desquels toute la science se bornait à une croix comme signature, semblables à ces seigneurs du moyen-âge qui paraphaient un acte en appliquant sur le parchemin leur griffe empreinte d'encre. En 1827, sur 100 conscrits, 42 seulement savaient lire. En 1888, il n'y en a plus que 10 qui en soient incapables. 34 femmes sur 100 pouvaient seulement en 1820 signer leur acte de mariage. En 1885 elles sont 78. De leur côté les maîtres, dont 27 sur 100 n'avaient pas de brevet en 1882 sont tombés à 9 0/0, tandis que les certificats d'études primaires montaient en ces cinq ans de 91.153 à 144.046.

Les bienfaits de l'instruction primaire sont donc évidents. Le grand tort de ses détracteurs est d'embrouiller la question en confondant ses éléments. L'instruction n'a pas une tâche moralisatrice, pas plus que la morale ou la religion n'ont un rôle instructif. Tout ce qu'on doit demander à l'instruction, c'est de ne pas être immorale. Or il serait ridicule de prétendre que les programmes des écoles primaires, que l'enseignement tel qu'il y est donné poussent à l'immoralité. L'institution des caisses d'épargne scolaires, qui au nombre de 22.385, recevaient en 1887, 478.173 livrets d'écoliers et 12.682.312 francs, montrerait à elle seule qu'on se préoccupe aussi des qualités morales de l'enfant, en l'encourageant à économiser les plus petites sommes.

Dans un de ces bilans sociaux qu'il aime à donner à la Revue des Deux-Mondes, M. de Vogué disait l'an dernier d'un air sombre : « Le péril social, qui exista de tout temps, a visiblement augmenté du jour où le peuple a désappris la lecture de certain petit livre, banni de l'école. » Sans doute, ce certain petit livre faisait du bien aux écoliers, mais si c'est sa disparition qui entraîne chez nous l'abaissement de la moralité, c'est sa disparition de la famille bien plus que de l'école, où on le fit servir à des desseins temporels qu'il condamne. Le rôle que joua la Bible dans les mains du prêtre, à l'école, m'a plus d'une fois rappelé le mot découragé du Christ « Je ne suis pas venu apporter la paix, mais le glaive. »

L'œuvre scolaire de la troisième République est bonne. Elle n'est pas pure de tout alliage, je le veux bien, mais l'or y prédomine. L'instruction de l'enfant prend enfin dans la nation la place qu'elle mérite. La science n'est plus le privilège jalousement défendu d'une élite. L'apaisement se fait sur ce terrain aussi. L'Église elle-même, est-ce par ruse, en tout cas par sagesse, semble admettre, avec son chef suprême, les lois scolaires. Elle laisse les admirateurs fanatiques du passé étouffer, s'il leur plaît, sous leur armure gênante. De grands progrès avaient été déjà accomplis sur ce point avant 1881. Mais ni la gratuité, ni l'obligation, qui seules peuvent rendre générale l'instruction de l'enfant, n'étaient encore acquises. Plus qu'aucune autre, l'organisation scolaire d'aujourd'hui mérite qu'on lui applique la parole si juste de M. J. Simon : « Pour apprécier une loi, ce n'est pas à l'idéal que l'on rêve qu'il convient de la comparer, c'est à la réalité qu'elle remplace. »

CHAPITRE II

L'école primaire supérieure. Les bourses. Les classes d'adultes
et d'apprentis.

L'Etat impose un minimum d'instruction à chaque
enfant. Mais il n'ignore pas que les connaissances élémentaires données à l'école jusqu'à treize ans seront
vite oubliées si l'enfant ne continue pas au moins quelque peu à s'instruire, à renouveler son fonds intellectuel. Passé treize ans, on ne peut exiger des parents
qu'ils se privent plus longtemps du travail de l'enfant.
Mais ceux qui ont le désir et la possibilité de lui accorder une éducation plus complète doivent être encouragés. Les écoliers qui ont donné le plus d'espérance
méritent en outre qu'on leur vienne en aide et que
l'Etat, suppléant par ses propres ressources à celles
des parents, leur permette de continuer à s'instruire.

C'est ce qui amena, dès 1833, l'organisation de l'enseignement primaire supérieur. Les principes qui
l'animent sont les mêmes que pour l'enseignement

élémentaire. Ce n'est donc pas une étude approfondie de l'enseignement primaire supérieur que je veux donner, mais simplement le tableau de son état actuel.

Ordonné déjà en 1833, cet enseignement prospéra jusqu'en 1850. A cette date on comptait 436 écoles supérieures pour les garçons, 271 pour les filles, la plupart publiques. La loi de 1850 ne distingua pas de degrés dans l'enseignement primaire et le nombre des établissements de ce genre diminua. Depuis 1878, les lois de finance favorisèrent le développement de l'enseignement primaire supérieur en lui affectant des crédits spéciaux. Celle du 30 mars 1878 lui allouait 110.000 francs. Les décrets du 15 janvier 1881, du 29 octobre 1881, du 2 janvier 1882, du 27 juillet 1885, s'attachèrent à l'organiser.

En 1886, la subvention spéciale à cet enseignement atteignait déjà 900.000 francs. Enfin la loi du 30 octobre 1886 lui donna consécration définitive et le décret du 18 janvier 1887, modifié dans quelques articles par le décret du 21 janvier 1893, en a fixé la constitution.

Cet enseignement perfectionné peut être donné de deux façons. D'abord, si le nombre des écoliers qui doivent poursuivre leurs études est restreint, on ajoute seulement à l'école primaire une classe dite « cours complémentaire. » Si, au contraire, le besoin existe d'une école spéciale, c'est l'école primaire supérieure qui est créée. C'est ce qu'indique le décret du 18 janvier 1887, art. 30 : « Les établissements d'enseignement primaire supérieur prennent le nom de *cours complémentaire*, s'ils sont annexés à une école primaire élémentaire et placés sous la même direction. Ils prennent le nom d'*école primaire supérieure*, s'ils sont installés dans un local distinct et sous une direction différente de celle de l'école élémentaire.

La durée des études dans les cours complémentaires est de deux ans au maximum. Les cours complémentaires comprennent en plus, quel que soit le nombre d'élèves, deux divisions qui pourront être réunies sous un même maître.

L'école primaire supérieure comprend au moins deux années d'études ; elle est dite de plein exercice si elle en comprend trois ou plus. »

D'ailleurs, que l'école soit complémentaire ou supérieure, l'enseignement y est le même, les conditions imposées aux instituteurs semblables. Nul ne peut diriger un de ces établissements avant vingt-cinq ans, ni y professer en sous-ordre avant vingt-un ans. Il faut être muni du brevet supérieur qui comprend des connaissances plus approfondies que le brevet élémentaire, et même des matières spéciales, comme les langues vivantes. Outre ce brevet, pour avoir le titre de professeur et non plus seulement d'instituteur-adjoint, un certificat d'aptitude au professorat des écoles normales est nécessaire. Ce certificat s'obtient aussi au moyen d'un examen, ainsi que les certificats exigés pour les enseignements spéciaux, gymnastique, dessin, chant. Toutes les autres obligations : moralité etc., sont les mêmes que pour les autres catégories d'instituteurs. Mais les professeurs d'écoles primaires supérieures devant être plus instruits ont naturellement des avantages plus grands. Leur traitement est supérieur, sans être du reste bien élevé. La nomination des directeurs, directrices et professeurs est faite par le Ministre, tandis que celle des autres instituteurs est faite seulement par le préfet, qui les tient mieux, par conséquent, sous sa dépendance.

Le but de l'enseignement primaire est de donner à l'enfant des connaissances pratiques qui pourront lui être d'une utilité immédiate. L'enseignement supérieur se porte donc beaucoup plus vers les sciences directement applicables aux besoins humains, que vers les notions abstraites dont l'enfant, appelé bientôt à exercer un métier ordinairement manuel, ne saurait guère tirer parti. Les heures de classe sont toujours de six par jour, et portent sur les sujets suivants : Art. 1er « L'instruction primaire supérieure comprend, outre la révision approfondie des matières étudiées à l'école primaire élémentaire : l'arithmétique appliquée, les éléments du calcul algébrique et de la géométrie : les règles de la comptabilité usuelle et de la tenue des livres ; les notions des sciences physiques et naturelles applicables à l'agriculture, à l'industrie et à l'hygiène ; le dessin géométrique, le dessin d'ornement et le modelage ; les notions de droit usuel et d'économie politique; les notions d'histoire de la littérature française ; les principales époques de l'histoire générale et spécialement des temps modernes ; la géographie industrielle et commerciale ; les langues vivantes ; le travail du bois et du fer, pour les garçons ; les travaux à l'aiguille, la coupe et l'assemblage pour les filles. » Là encore, on doit reprocher à ce programme une surchage excessive. A trop vouloir donner au peuple des clartés de tout, on finira par ne lui en distribuer qu'une lumière confuse et trouble.

Pour être admis dans l'école primaire supérieure, l'enfant doit posséder déjà le certificat d'étude. En outre, il subira devant le directeur, assisté de deux professeurs, un examen d'entrée, d'où résultéra pour lui la détermination de la classe où il sera placé. Quoique l'enseignement primaire supérieur ne soit pas obligatoire, il reste gratuit. Rien ne force sans doute les parents à donner une instruction plus approfondie à l'enfant, et puisque celui-ci à l'école primaire a reçu les connaissances indispensables, il ne semble pas juste de faire supporter au budget, c'est-à-dire à tous les citoyens, les dépenses intégrales de cet enseignement particulier. Cependant la loi a voulu conserver la gratuité même à cet enseignement supérieur, pour développer encore l'instruction et favoriser ainsi la nation. Cette pensée l'a même conduite à indemniser en quelque sorte les familles des sacrifices qu'elles s'imposent en laissant leurs enfants plus longtemps à l'école. C'est le système des bourses.

Les bourses d'études sont distribuées par la commune, le dé¡artement ou l'Etat. Occupons-nous seulement de ces dernières ; du reste toutes se ressemblent. L'Etat en distribue de trois sortes :

1° Bourses d'internat, payant la pension de l'enfant placé dans une des écoles primaires supérieures qui sont pourvues d'un pensionnat. Le chiffre en est au maximum de 500 francs.

2° Bourses d'entretien, accordées à des enfants vivant dans leur famille, 400 francs au maximum, la somme que coûte annuellement l'entretien d'un enfant.

3° Bourses familiales, pour les élèves logés dans d'autres familles que la leur, 500 francs au plus.

L'État d'ailleurs n'accorde souvent qu'une fraction de bourse, le reste étant fourni par la famille, le département ou la commune. Ces bourses sont allouées par le préfet aux enfants qui ont subi avec succès un examen spécial, auquel on ne peut se présenter qu'entre douze et quinze ans. L'école primaire supérieure a peu d'élèves au-dessus de seize ans.

Là ne se borne pas, en outre, la protection que l'État accorde aux écoles primaires supérieures publiques. Il leur donne également une partie de leur matériel scolaire et des subventions pour le traitement du personnel. Le département et la commune subventionnent aussi ces établissements. La commune qui demande l'ouverture d'une école primaire supérieure est même tenue d'inscrire pendant cinq ans sa contribution personnelle parmi ses dépenses obligatoires. En 1894, l'État consacrera 864.000 francs aux bourses que je viens de décrire.

De même que l'école primaire élémentaire a sa commission scolaire pour la surveiller, l'école primaire supérieure a son conseil propre, le *comité de patronage*, établi par le décret du 18 janvier 1887, et dont les membres sont nommés par le ministre. « Le comité veille aux intérêts matériels des élèves et à la bonne tenue de l'école.

Il prend sous son patronage les élèves de l'école, il s'occupe de placer les plus méritants à la fin de leurs études. Il surveille d'une façon plus particulière les élèves boursiers. »

Enfin, l'Etat ne se contente pas de favoriser aux meilleurs élèves l'entrée de l'école primaire supérieure. Rattachant l'enseignement primaire à l'enseignement secondaire, l'arrêté ministériel du 18 janvier 1887 déclare dans son article 61 : « Les élèves boursiers de l'enseignement primaire supérieur pourront être transférés, avec jouissance d'une bourse, dans l'enseignement secondaire s'ils sont âgés de moins de seize ans au 1er janvier de l'année où se fera la mutation. » C'est l'inspecteur d'académie qui propose au Ministre les bourses secondaires à accorder. Et ainsi, l'enfant instruit d'abord obligatoirement et gratuitement à l'école maternelle publique et à l'école primaire élémentaire, pourra, au moyen de bourses successives, recevoir l'instruction la plus complète. La sollicitude de l'Etat pour l'instruction du peuple ne peut être mise en doute. Les écoles primaires supérieures reçoivent l'élite des écoliers et leur donnent une instruction plus complète qui leur assurera la première place dans les divers métiers, ou leur permettra d'aspirer à l'école normale et de là au poste d'instituteur, à cette carrière où les petites satisfactions d'amour-propre compensent quelque peu le maigre traitement et la tyrannie des notables villageois.

En 1887, les écoles primaires supérieures étaient au nombre de 302 (202 pour les garçons, 100 pour les filles), les cours complémentaires au nombre de 431 (garçons 308, filles 123). Elles recevaient 38.441 élèves (27.144 garçons, 11.297 filles). Les écoles Turgot, J.-B. Say, Arago, Colbert, Lavoisier, à Paris, sont très estimées.

Une dernière catégorie d'enfants appelait l'attention du gouvernement : les enfants employés dans l'industrie, et les adultes qui sans pouvoir suivre l'école primaire supérieure voudraient pourtant consacrer un peu de leur temps à l'étude. On a donc institué pour eux les classes d'apprentis et d'adultes. La loi industrielle du 19 mai 1874 obligeait les patrons à laisser les ouvriers au-dessous de treize ans suivre l'école au moins deux heures par jour. Des classes spéciales leur sont consacrées soit près de l'atelier lui-même, soit dans l'école communale. De même pour les adultes au-dessus de treize ans. Le décret de 1887 dispose (Art. 99) : « Dans les classes d'adultes ou d'apprentis l'enseignement a un caractère pratique et plus spécialement approprié aux professions. » Sous tous les autres rapports, ces classes sont du reste soumises aux mêmes règles que les établissements ordinaires de l'enseignement primaire. Si la classe dure au moins cinq mois par an, la commune peut être aidée par l'Etat dans les dépenses ainsi entraînées.

Les cours d'adultes sont très nombreux. Ils diminuent d'ailleurs à mesure que les enfants suivent plus régulièrement l'école et n'ont pas besoin plus tard d'un supplément d'instruction. Le nombre d'adultes qui suivaient ces cours était en 1882 de 596.322, en 1887 il n'est plus que de 184.612. Quant aux classes d'apprentis, la loi du 2 novembre 1892, qui interdit définitivement l'emploi industriel des enfants au-dessous de treize ans, fera disparaître les classes instituées pour eux.

Enfin l'Etat protège et soutient toutes les institutions

qui se proposent l'instruction du peuple, ces sociétés philotechniques ou polytechniques, dont les cours du soir existent dans chaque ville importante et réunissent des auditoires assidus. Les subventions de l'Etat sont d'ailleurs modestes. Mais ces cours sont aussi relativement peu nombreux. En frais de bibliothèques scolaires, qui de 28.251 en 1882 ont atteint en 1887 le chiffre de 34.992, de cours d'adultes, d'encouragements divers, le budget consacre ainsi, pour 1894, près d'un million.

L'instruction primaire de l'enfant, soit obligatoire, soit facultative, et dans ce cas facilitée par des bourses, se poursuit ainsi jusqu'à seize ans passés. La plupart des écoliers, immédiatement l'école primaire quittée, vers la treizième année, vont être mis au travail. L'enseignement plutôt théorique qu'ils ont reçu leur sera très utile. Mais une instruction professionnelle les préparant à un métier déterminé leur fera parfois besoin, ainsi dans les professions spéciales, qui demandent autre chose encore que la bonne volonté et les aptitudes. C'est à ces besoins, peu fréquents d'ailleurs, les grandes usines prenant la plupart des enfants sans en exiger de connaissances particulières, que répond l'enseignement professionnel, organisé depuis déjà un certain temps et que nous allons rapidement étudier.

CHAPITRE III

L'école professionnelle. L'école manuelle d'apprentissage. Loi du
11 décembre 1880. L'école pratique de commerce et d'industrie. Décret du 22 février 1893.

Comme l'enseignement scientifique, l'enseignement
technique, qui a lui aussi ses lois et ses méthodes,
se divise en trois grandes catégories. Au sommet
est l'enseignement *supérieur* professionnel, dont le
but est de former les chefs nécessaires à la grande
industrie, les ingénieurs en un sens général. L'E-
cole centrale des arts et manufactures à Paris est
le premier de ces établissements. Puis vient l'enseignement *secondaire*, plus modeste mais non moins
utile, où s'exercent les futurs contre-maîtres de nos
usines. Les grands établissements qui donnent cette
instruction secondaire sont les écoles nationales
d'arts et métiers, de Voiron, Vierzon et Armentières.
Le budget de 1894 leur consacre une somme de
271.000 francs. Le nombre de leurs élèves est du reste
peu considérable. Enfin, à la base de ce système est

naturellement l'enseignement *primaire* professionnel. Il cherche à former, non des directeurs ou des contre-maîtres, mais de bons ouvriers, habiles en leur métier et auxquels reviendront à juste titre les meilleures places dans les ateliers.

Cet enseignement professionnel date de loin. Nous avons vu qu'à la fin de l'ancien régime on avait déjà ouvert à Paris une école nettement professionnelle et où 1.500 enfants apprenaient le dessin, la géométrie pratique, etc. C'est la Révolution qui créa vraiment l'enseignement professionnel, voulut le répandre dans toute la France et en posa en tout cas les principes généraux qui ne devaient plus disparaître. Chaptal, son plus grand promoteur, le véritable créateur du Conservatoire des Arts et Métiers avait bien vu que pour que l'industrie restât bienfaisante, il fallait que les ouvriers se maintinssent constamment, par leur habileté plus grande, à la hauteur des machines sans cesse perfectionnées. La Révolution eut ainsi, derrière les agitateurs bruyants et les médiocres fanatiques, de nombreux savants qui comprirent nettement les besoins nouveaux et cherchèrent à faire ce que, quatre-vingts ans plus tard, on devait enfin accomplir en prétendant à l'honneur de la découverte. Mais ils eurent des ambitions trop grandes, eu égard aux ressources de la France, et à part l'enseignement professionnel supérieur, leurs innovations techniques échouèrent complètement.

Ce n'est que bien plus tard que l'enseignement primaire professionnel devait réapparaître. Il avait naturellement suivi la fortune de l'enseignement primaire tout entier. Or nous avons vu que si la loi de 1833 faisait déjà une distinction entre les deux degrés de l'école primaire, la loi de 1850 avait supprimé cette distinction et que l'enseignement primaire supérieur avait aussitôt périclité. Mais, lorsqu'en 1878 on le releva, on fut forcément amené à s'occuper des notions techniques utiles aux ouvriers. L'enseignement professionnel réclamait sa place distincte.

Ce fut la loi du 11 décembre 1880 qui constitua enfin des écoles spécialement techniques, les *écoles manuelles d'apprentissage* « en vue de développer chez les jeunes gens qui se destinent aux professions manuelles la dextérité nécessaire et les connaissances techniques. » Ces écoles organisées par le décret du 30 juillet 1881, modifié lui-même par celui du 17 mars 1888, se rattachent formellement à l'enseignement primaire proprement dit. L'art. 1er de la loi du 30 octobre 1886 le déclare : « L'enseignement primaire est donné... 4° Dans les écoles manuelles d'apprentissage, telles que les définit la loi du 11 décembre 1880. » Leur enseignement est en effet la continuation de l'instruction primaire, tournée plus spécialement, à la sortie de l'école communale, vers l'étude d'un métier. Toutefois, comme leur but est plus industriel encore que scientifique, la loi, par une dérogation au système général, les place sous l'autorité du ministre du commerce.

Mais les écoles manuelles d'apprentissage ne peuvent être créées en grand nombre. Elles entraînent des frais assez considérables sans que le nombre des élèves soit jamais bien grand. De plus, les enfants qu'on veut perfectionner dans un métier ont encore besoin d'exercer leur intelligence et de recevoir par conséquent un enseignement général supérieur à celui de l'école communale. Aussi l'enseignement technique se donne-t-il aussi bien à l'école primaire supérieure qu'à l'école manuelle. De récents décrets ont même remanié tout ce système. On en est encore aux tâtonnements dans l'organisation de l'enseignement professionnel. De là les contradictions, peu importantes il est vrai, qu'on peut relever entre les diverses dispositions qui le concernent.

Déjà chaque école primaire supérieure doit avoir un atelier où l'on enseignera « le travail du bois et du fer, pour les garçons ; les travaux à l'aiguille, la coupe et l'assemblage pour les filles ». Mais bientôt certaines écoles supérieures, du fait même des enfants qui les fréquentaient, se tournèrent plutôt vers l'enseignement technique. Il fallut délimiter nettement leur situation. C'est ainsi que le décret du 22 février 1893, en exécution de l'art. 69 de la loi du 26 janvier 1892, a créé les *écoles pratiques de commerce et d'industrie*, qui, si elles ne rendent pas absolument inutiles les écoles manuelles d'apprentissage, les remplaceront dans bien des cas. Leur situation est à peu près la même et je vais l'indiquer.

Ces écoles faisant suite, comme j'ai dit, à l'école communale ne doivent prendre l'enfant qu'après sa treizième année, ou s'il a déjà obtenu le certificat d'études. Au cas où il ne l'a pas obtenu, il peut néanmoins entrer à l'école professionnelle, mais après l'épreuve satisfaisante d'un examen d'entrée.

Ces écoles se rattachent à l'enseignement primaire ; leurs conditions d'existence sont donc les mêmes que pour les écoles primaires supérieures. Les directeurs doivent avoir 25 ans au moins, les maîtres adjoints 21 ans. L'école est publique ou privée et, dans ce cas, les formalités de création sont celles que nous avons déjà vues. L'enseignement est entièrement gratuit. La commune pourvoit aux dépenses de l'école dont elle a demandé la création pendant cinq ans au moins, après quoi l'Etat y participe.

Comme l'école manuelle d'apprentissage, l'école pratique de commerce et d'industrie relève du ministre du commerce. Auparavant, par un arrangement assez curieux, les écoles supérieures plus spécialement techniques étaient placées sous la double autorité du ministre du commerce et du ministre de l'instruction publique. Mais il est plus légitime que ce soit le ministre du commerce et de l'industrie qui ait à diriger les établissements d'où sortiront des travailleurs et des commerçants, comme le ministre de la guerre est le chef de nos écoles militaires. La loi du 26 janvier 1892 l'a compris. Art. 69 : « Les écoles primaires supérieures dont l'enseignement est principalement industriel ou commercial relèveront à l'avenir du ministère du commerce auquel elles seront transférées par décret et prendront le nom d'écoles pratiques de commerce et d'industrie. »

L'instruction donnée y est double : l'enseignement commercial ou industriel, à la fois théorique et pratique ; l'enseignement primaire complémentaire, les notions générales données dans les cours complémentaires. Pour cet enseignement pratique, une nouvelle classe a été créée dans le personnel, ce sont les chefs de travaux pratiques, chefs d'ateliers, etc. Les autres différences sont minimes. Tandis, par exemple, que les directeurs des écoles primaires supérieures se divisent en cinq classes et touchent au plus 2.800 francs de traitement, outre l'indemnité de résidence et le logement, ceux des écoles pratiques, qui ne comptent que trois classes, vont jusqu'à 4.000 francs, avec, également, le logement et l'indemnité de résidence.

Le comité de patrouage qui existe auprès de chaque école supérieure publique se retrouve auprès de chaque école pratique sous le nom de *conseil de perfectionnement*. Il est composé du préfet, qui le préside, d'un inspecteur de l'enseignement commercial ou industriel et de quelques autres membres, dont au moins deux dames, si l'école est spéciale aux filles.

L'enseignement professionnel rend d'incontestables services, mais qu'il est encore difficile d'évaluer, si peu d'années après l'organisation sérieuse qui lui a été enfin donnée. Les écoles manuelles instituées en 1880 sont en très petit nombre. La loi du 26 janvier 1892 en créant les écoles pratiques de commerce ou d'industrie prouve bien le peu d'importance qu'elles avaient prise et l'usage beaucoup plus fréquent de donner peu à peu aux écoles supérieures une tendance surtout technique. L'enseignement primaire supérieur d'après le dernier recensement, celui de 1887, était donné dans 733 établissements. Mais il faut en défalquer 431 cours complémentaires où l'instruction technique n'est que rudimentaire. Il n'y a que 302 écoles primaires supérieures véritables où l'enseignement comprend pour la plupart deux et trois années, 202 pour les garçons, 100 pour les filles, la plupart publiques. On voit donc que le nombre des écoles pratiques et des écoles manuelles donnant un enseignement nettement professionnel est très restreint. La ville de Paris a fait de grandes dépenses pour ses écoles techniques ; elles ont été récompensées et l'industrie du bâtiment, spécialement, leur doit déjà d'habiles ouvriers. A mesure que l'on avancera, le besoin d'un enseignement professionnel puissant se fera sentir davantage. Les incertitudes qui peuvent encore exister, la confusion entre les écoles manuelles d'apprentissage et les écoles pratiques disparaîtront. La loi du 26 janvier 1892, art. 69, et le décret du 22 février 1893 consacrent une heureuse innovation : c'est la place donnée aux études commerciales en même temps qu'aux études industrielles. Puisqu'on se plaint de la difficulté croissante pour l'ouvrier de trouver du travail dans l'industrie, il est utile de développer chez ceux qui les manifestent les capacités du comptable ou du marchand, autant que de l'ouvrier. Là encore, les semailles sont récentes, mais on est en droit d'espérer que la moisson sera belle.

TROISIÈME PARTIE

L'ATELIER

L'ATELIER

CHAPITRE I

L'apprenti. Loi du 4 mars 1851.

L'éducation de l'enfant doit tendre non seulement à développer son âme, à fortifier son intelligence et sa raison. Elle a pour but immédiat de le rendre capable, à l'heure où ses forces lui permettront un travail constant, de choisir aussitôt un métier qui puisse le faire vivre. Si l'enfant de famille riche ou aisée, le jeune bourgeois, comme disent les socialistes, a besoin d'une préparation soigneuse à la carrière libérale qu'il exercera plus tard, l'ouvrier qui veut embrasser un métier où la seule force physique ne suffise plus, mais où il faille des connaissances spéciales, n'a pas moins besoin de conseils et de leçons techniques. Nous avons vu l'enseignement professionnel institué dans ce sens. Mais le nombre des ouvriers ainsi formés reste toujours restreint. Puis, l'enseignement professionnel, même si les cours sont gratuits, entraîne des dépenses pour la famille de l'enfant. Il faut entretenir celui-ci sans que son travail rapporte encore aucun gain. Un moyen terme s'offre, entre l'école professionnelle et l'atelier. C'est l'apprentissage, qui procure à l'enfant l'instruction technique nécessaire et, en échange du travail qu'il fournit à son patron, lui assure le logement et l'entretien dans la demeure de ce dernier.

L'apprentissage exista pendant toute la durée de l'ancien régime, ainsi que je l'ai montré. Mais comme il était nécessaire, la Révolution ne put le faire disparaître avec les corporations. Elle se borna à en supprimer les abus, dont le plus grand était l'obligation. L'apprentissage devint facultatif.

La loi du 22 germinal au XI (12 avril 1803) qui s'occupe des manufactures, fabriques et ateliers, toucha la question de l'apprentissage dans ses articles 9, 10 et 11. Elle visait surtout, ainsi que je viens de le dire, à empêcher le rétablissement de la servitude d'autrefois où était placé l'apprenti. Article 10 « Le maître ne pourra, sous peine de dommages-intérêts, retenir l'apprenti au-delà de son temps, ni lui refuser son congé d'acquit quand il aura rempli ses engagements.

Les dommages et intérêts seront au moins du triple du prix des journées depuis la fin de l'apprentissage. »

Mais les points les plus intéressants, les plus essentiels de l'apprentissage, travail de l'apprenti, obligations du maître, forme du contrat, étaient laissés dans l'ombre. La loi de germinal an XI fut donc assez inefficace. L'apprentissage, débarrassé des anciennes entraves, mais aussi des utiles réglementations qu'on lui avait imposées jadis, fît plus de mal que de bien. Rien n'empêchait le patron de transformer son apprenti, son écolier industriel en quelque sorte, en manœuvre, et d'utiliser son travail sans lui fournir en retour une connaissance véritable du métier. On mit du temps à s'en convaincre. Enfin on accorda à cette question, secondaire sans doute mais quand même importante, l'attention qu'elle méritait. C'est ainsi que naquit la loi qui régit encore le contrat d'apprentissage, celle du 4 mars 1851.

Les travaux législatifs qui la précédèrent reconnaissent le besoin d'une réglementation plus sévère. « Notre législation présentait naguère, disait le rapporteur, une singulière anomalie. Tandis que l'enseignement des sciences et des lettres était assujetti à des règles sévères, à une surveillance ombrageuse, à des conditions préventives de toute nature, l'éducation professionnelle était abandonnée à tous les hasards d'une liberté sans limite. Il n'était pas permis de réunir chez soi quelques enfants pour leur apprendre à lire, mais le premier venu, même un repris de justice, pouvait les recevoir et les garder deux ou trois ans dans sa maison pour leur enseigner un métier. On avait d'une part le despotisme, d'autre part la licence. »

La loi de 1851 réagit contre cet état par des prescriptions minutieuses. Elle établit d'abord nettement que l'apprentissage a pour but l'instruction technique de l'apprenti. Article 1er. « Le contrat d'apprentissage est celui par lequel un fabricant, un chef d'atelier, ou un ouvrier s'oblige à enseigner la pratique de sa

profession à une autre personne, qui s'oblige, en retour, à travailler pour lui ; le tout à des conditions et
pendant un temps convenus. »

L'apprenti peut être majeur. Il est alors capable de
s'engager par sa seule volonté. Mais ce cas est très
rare. Le plus souvent, l'apprenti est mineur. Le contrat
doit alors être passé entre le patron et les représentants
du mineur, ses parents d'ordinaire, à leur défaut le
juge de paix ou des personnes autorisées, comme certaines sociétés de patronage. Le contrat est écrit ou
verbal ; les contrats verbaux sont les plus fréquents.
S'il est écrit, il peut être reçu par les notaires, les
greffiers des justices de paix ou les secrétaires des
conseils de prudhommes. Des indications minutieuses
y sont insérées, sur l'apprenti, sur ses parents et sur
le patron.

Celui-ci est soumis à certaines obligations. Il doit
avoir vingt-un ans au moins, n'avoir subi aucune condamnation grave, qui fasse preuve d'une moralité dou-
teuse, enfin être marié si ce sont des jeunes filles mineures qu'il engage. On a voulu ainsi améliorer la condition morale de l'apprenti, ce qu'aucune loi n'avait fait
auparavant.

L'apprentissage est d'une durée variable, qui résulte
du contrat. A Paris, l'usage est de lui donner une durée
de trois ans.

Chaque partie contracte des devoirs envers l'autre.
Le maître doit à l'apprenti tout d'abord l'éducation
professionnelle qui est l'objet essentiel du contrat. Il
doit n'employer son élève qu'aux travaux de sa profession, sinon l'éducation recherchée ne serait pas ac-

quise. A la fin de l'apprentissage, l'apprenti recevra un congé d'acquit ou un certificat constatant l'exécution du contrat. Ce brevet permettra au jeune ouvrier de se placer dans des conditions avantageuses, en faisant la preuve de ses connaissances techniques.

Mais l'enfant ne se contente pas d'apprendre un métier spécial chez son patron, il vit avec lui, il quitte sa famille pour celle du maître. Celui-ci doit donc surveiller sa conduite, comme si c'était son propre enfant. Il doit avertir les parents si l'enfant tombe malade, disparaît ou a besoin, de quelque manière que ce soit, de leur intervention. Il est tenu, lorsque l'enfant n'a pas encore seize ans, et n'a pas terminé son instruction primaire ou son éducation religieuse, de lui fournir le temps nécessaire à cet effet. La loi veut en un mot qu'il veille à son bien-être comme à son instruction.

Pour cela, elle doit imposer des limites au travail de l'apprenti. Celui-ci a en effet des devoirs envers le patron, si le patron en a envers lui. Tout droit est corrélatif d'un devoir, et l'implique nécessairement. L'enfant doit donc à son maître « fidélité, obéissance et respect ; il doit l'aider, par son travail, dans la mesure de son aptitude et de ses forces. » Ce ne sont pas en effet des leçons théoriques que le patron donne à l'apprenti. Il lui enseigne son métier par la pratique, en le faisant travailler avec lui. Le travail de l'apprenti profitera à lui-même comme au maître. Seulement, il faut empêcher ce dernier, s'il en avait l'intention, d'abuser des forces du jeune ouvrier. La loi de 1851 a fixé des limites à son travail, limites très restrictives pour l'époque. A. 9 « La durée du travail effectif des apprentis âgés de moins de quatorze ans ne pourra dépasser dix heures par jour. Pour les apprentis âgés de de quatorze à seize ans, elle ne pourra dépasser douze heures. — Aucun travail de nuit ne peut être imposé aux apprentis âgés de moins de seize ans. — Est considéré comme travail de nuit tout travail fait entre neuf heures du soir et cinq heures du matin. — Les dimanches et jours de fêtes reconnues ou légales, les apprentis, dans aucun cas, ne peuvent être tenus vis-à-vis de leur maître, à aucun travail de leur profession. — Dans le cas où l'apprenti serait obligé, par suite des conventions ou conformément à l'usage, de ranger l'atelier aux jours ci-dessus marqués, ce travail ne pourra se prolonger au-delà de dix heures du matin. » Mais si l'apprenti est ainsi assuré d'avoir le repos nécessaire, il doit par contre donner à son maître toutes ses heures de travail, et même, au cas où il en aurait été empêché pendant plus de quinze jours, prolonger d'autant l'apprentissage. D'ailleurs l'art. 9 a été abrogé par la loi du 19 mai 1874 et l'apprenti est assimilé, pour les conditions du travail, aux autres enfants employés dans les manufactures. Nous étudierons plus loin les nouvelles prescriptions de la loi.

En réglant minutieusement ce contrat, la loi devait prévoir les différentes manières dont il peut prendre fin. Elle n'y a pas manqué. Les deux premiers mois sont considérés comme un temps d'essai, durant lequel chaque partie a le droit d'annuler le contrat, sans que l'autre puisse réclamer. Mais s'il est maintenu après cette période préparatoire, divers événements peuvent encore survenir qui troublent sa bonne exécution. Il est alors résolu, soit de plein droit, soit après jugement — de plein droit, si l'une des parties meurt, si le service militaire saisit le patron ou l'apprenti, si l'un des deux est condamné à une des peines qui entraînent les incapacités énumérées plus haut, enfin lorsque le patron de jeunes filles mineures devient veuf. Dans d'autres cas au contraire, mauvaise éxécution du contrat par une des parties, inconduite notoire de l'apprenti, infraction habituelle aux prescriptions de la présente loi, etc... la résolution ne peut qu'être demandée par les parties.

La juridiction compétente pour apprécier toutes les contestations qui s'élèvent au sujet de l'apprentissage est le *conseil des prudhommes*, dont le rôle est justement de concilier patrons et ouvriers, ou, à son défaut, le juge de paix. C'est le conseil qui règle les indemnités dont l'une des parties est passible envers l'autre. Quant aux contraventious à la loi, excès de travail de l'apprenti, etc., elles relèvent du tribunal de police qui les frappe de faibles amendes. En cas de récidive, un emprisonnement de un à cinq jours est prononçable. Ceux qui ont reçu des apprentis malgré leur incapacité légale sont poursuivis devant les tribunaux correctionnels, qui peuvent les frapper de quinze jours à trois mois d'emprisonnement.

La loi du 4 mars 1851 est excellente. C'est une des lois les plus parfaites de notre législation ouvrière. Elle a été modifiée par la loi du 2 novembre 1892, puisque, nous le verrons bientôt, les enfants au-dessous de seize ans ne peuvent, de par cette loi, travailler plus de dix heures par jour, et que tout travail de nuit est interdit jusqu'à dix-huit ans. Mais, outre que la loi de 1892 comporte quelques exceptions, restreintes il est vrai, à la protection des jeunes ouvriers, elle ne s'applique qu'aux établissements industriels, où l'enfant travaille sous un patron autre que son père.

La loi de 1851, reste donc sensiblement la même qu'à l'origine, ou si elle a été modifiée, c'est en faveur de l'enfant ; grâce à elle l'apprentissage est très bien organisé.

Malheureusement, elle n'a pas eu d'influence sérieuse. Déjà le Congrès pour la protection de l'enfance, tenu à Paris en 1883, constatait la diminution croissante du nombre des apprentis, le dépérissement qui frappe cette institution pourtant si nécessaire. Plusieurs sociétés de patronage ont été fondées pour favoriser l'apprentissage : l'Association des amis de l'enfance en 1827, l'Association des fabricants et des artisans pour l'adoption des orphelins en 1828, suivies de beaucoup d'autres. Quelques-unes sont reconnues d'utilité publique. Toutes rendent de grands services. Et cependant rien n'arrête la disparition de l'apprentissage. Au congrès de 1883, le comité de la Société de protection des apprentis le déclarait : « Dans tous les patronages, dans toutes les délibérations des chambres syndicales, c'est un cri unanime, que l'apprentissage s'en va, et que l'industrie est menacée à sa base. » Déjà en 1870, à Paris, sur 26.000 apprentis, 5.000 seulement avaient des contrats écrits, qui seuls peuvent donner une stabilité réelle à l'apprentissage. La Société de protection des apprentis montrait qu'en quatre ans, de 1877 à 1881, les patrons lui avaient fait 1.712 offres de places, et les familles seulement 961 demandes; qu'enfin sur les 326 contrats qu'elle avait contribué à faire naître, 151 avaient été résiliés avant l'époque convenue.

Les causes de cette décadence sont nombreuses. On peut indiquer, parmi les principales, l'extension qu'a prise l'enseignement professionnel, organisé par l'Etat, et sans cesse perfectionné, tandis que celui des patrons reste forcément inférieur. Ceux-ci, en outre tendent toujours plus à la spécialisation, se contentant de fabriquer une partie d'un objet, d'un meuble par exemple, alors qu'autrefois ils faisaient la pièce toute entière. Un horloger qui sache faire une montre en entier, est devenu aujourd'hui fort rare. Chaque ouvrier préfère se spécialiser dans la fabrication d'une pièce particulière, parce qu'il y devient plus habile, et peut fournir ainsi plus d'ouvrage, d'où un salaire supérieur.

Mais l'apprenti ne reçoit plus ainsi d'instruction générale; or c'était là le but principal de l'apprentissage. Le patron d'ailleurs, comme jadis, ne tient pas à trop instruire ses élèves qui deviendraient pour lui plus tard des concurrents dangereux.

Il faut enfin attribuer surtout la décadence de l'apprentissage aux familles des apprentis. Ceux-ci, durant deux ou trois ans, s'ils sont logés ou entretenus par le patron, n'en reçoivent par contre presque jamais de salaire. Si l'on place l'enfant dans un grand atelier, il gagnera tout de suite, et la famille en profitera. Seulement, au lieu d'un ouvrier habile, on n'aura d'ordinaire qu'un manœuvre sans adresse et mal rétribué. Cette situation est regrettable, car elle tend à diminuer l'élite ouvrière, si nécessaire à une grande nation.

Heureusement, l'enseignement professionnel est là pour y remédier. L'apprentissage, il est vrai, avait des avantages moraux autant que professionnels. L'enfant n'y contractait pas cette liberté excessive que lui laisse aujourd'hui l'atelier. La famille ouvrière, cet âge d'or tant pleuré par les moralistes, est en train de disparaître. Mais rien ne pourra relever l'apprentissage. Il doit sa mort, non à des causes accidentelles et passagères, mais à la transformation économique et sociale qu'a entraînée la grande industrie. C'est elle en effet qui fait disparaître les petits ateliers. La loi de 1851 est excellente, mais à quoi sert-elle, puisque les premiers intéressés, les ouvriers et leurs familles, repoussent l'institution qu'elle protège ? A l'apprentissage se substitue de plus en plus l'usage, au fond compréhensible, de mettre l'enfant dès qu'il est en âge dans un atelier. Ouvrier libre comme les aînés, il sera comme eux immédiatement rétribué.

Mais, là aussi, sa situation ne doit pas être la même que celle des adultes. Il faut également que la loi l'y protège. Elle le fait, et nous devons maintenant étudier la situation de l'enfant dans l'industrie, l'enfant, non plus apprenti, mais véritablement ouvrier.

CHAPITRE II

LE JEUNE OUVRIER

Histoire de la protection de l'enfance ouvrière. Lois du 22 mars 1841 et du 19 mai 1874. Loi du 2 novembre 1892.

Des mesures protectrices du travail industriel de l'enfance ne devinrent impérieusement nécessaires qu'au début de ce siècle. L'industrie se développa plus ou moins lentement dans les diverses nations civilisées. Mais chez toutes, elle transforma les conditions du travail. Les agglomérations ouvrières entraînèrent avec elles des dangers à peine connus jusqu'alors. L'hygiène et la sécurité des travailleurs n'étaient guère menacées dans les petits ateliers d'autrefois, où les machines à vapeur étaient ignorées. Mais à mesure qu'elles se répandirent, à la suite des grandes inventions des ingénieurs anglais du xviii° siècle, dont le plus connu est Watt, la vie de l'ouvrier fut plus menacée. Le moteur de jadis était surtout l'homme lui-même avec sa force propre. Les courroies de transmission, les engrenages compliqués remplacèrent sur plus d'un point les bras et les marteaux et broyèrent les imprudents. Le travail ne fut peut-être pas plus prolongé qu'il ne l'était dans les familles. Se représenter la vie des ouvriers d'autrefois comme préférable à celle d'aujourd'hui, est une preuve d'ignorance ou de mauvaise foi. Mais ces ouvriers étaient plus rares. La question ouvrière, en un mot, n'avait pas surgi.

Durant longtemps, du reste, elle fut une et simple. Ce n'est qu'à la longue qu'elle se diversifia et qu'on dut distinguer, pour la réglementation nécessaire du travail, entre l'ouvrier des diverses entreprises, des mines ou des usines, entre l'ouvrier adulte, la femme et l'enfant. On se heurtait en outre à des obstacles nombreux. Les plus grands étaient les principes mêmes de notre société moderne, que la Révolution avait semblé porter à leur extrême limite. La réglementation du travail était-elle juste ? N'était-ce pas attenter à la liberté de l'ouvrier autant qu'à celle du patron que de leur interdire toutes les stipulations qu'ils voudraient conclure sur la durée et les conditions du travail ? On croyait encore au droit naturel, à l'intangible disposition de soi-même que la nature reconnaît aux hommes libres.

Ce sophisme ne tarda pas à être ébranlé. On vit bientôt combien l'ouvrier est peu maître de lui-même, combien aussi les salaires, variant sans cesse, l'obligent à fournir une besogne d'une longueur variable. La réglementation du travail fut donc essayée durant ce siècle, non plus comme jadis, sous Colbert par exemple, au point de vue de la matière fabriquée, mais dorénavant, au point de vue de la masse fabricante.

On peut citer ainsi, parmi les premières dispositions prises en France sur ce sujet, la curieuse ordonnance de police du 26 septembre 1806. Elle réglementait le travail des ouvriers en bâtiment : Du 1er avril au 30 septembre, le travail ne pourra excéder onze heures. Du 1er octobre au 31 mars, il doit s'arrêter « au jour défaillant. » Les heures des repas elles-mêmes étaient déterminées. Cette ordonnance, bien entendu, resta sans effet. La réglementation du travail en général est presque impossible. Si l'État enlève à l'ouvrier, dans un but protecteur, le droit de travailler au-delà d'un certain temps ou dans certaines conditions défavorables, il doit lui assurer par contre le salaire ainsi perdu. On arrive fatalement, sur cette pente, au communisme. Tous les gouvernements de ce siècle l'ont senti. On s'est borné à des mesures d'hygiène et de sécurité, que plusieurs lois et décrets ont déterminées en France. La seule loi qui ait osé aborder en face le problème, celle du 9 septembre 1848, dont je reparlerai bientôt, a eu le sort commun aux lois venues avant leur heure, elle est restée sans application.

Mais un côté particulier de cette grande question était abordable, la réglementation du travail des enfants. Si les maux qu'entraîneraient des restrictions au labeur des ouvriers seraient peut-être plus grands que les bienfaits obtenus, et font reculer ainsi le législateur, la protection de l'enfance ouvrière est possible au contraire. Elle est nécessaire, et le profit social dépassera la perte économique. L'homme arrivé à son développement normal, disposant des forces que la nature lui accorde, peut soutenir encore sans trop de souffrance le travail des usines et des ateliers. L'enfant, dont les organes sont encore faibles, la femme à qui la maternité réclame déjà la plupart de ses forces ne peuvent supporter impunément un travail excessif. C'est un point sur lequel tous sont d'accord aujourd'hui, médecins ou légistes. Le maître de forge qui, lors de la discussion de la loi de 1874 s'écriait : « Plus les enfants commencent jeunes à se mettre au travail, plus ils deviennent des hommes vigoureux et énergiques » cet industriel laissait percer une partialité un peu trop évidente, comme M. Josse vantant les bienfaits de l'orfèvrerie afin qu'on lui achetât ses bijoux. Des faits irréfutables prouveraient au besoin la nécessité d'une règlementation dans l'intérêt national lui-même. Tandis, par exemple, que les exemptions de la classe de 1885 se montaient à 22 0/0 dans la région agricole de Caen, non loin de là, à Rouen, ville industrielle, elles atteignaient 37/0/0. A Châlons-sur-Saône, la même année elles n'étaient que de 18 0/0, nombre déjà bien élevé ; à Lyon, on en comptait 31 0/0. La taille des hommes soumis dès leur enfance aux travaux des usines baisse constamment. En 1832, lorsque le service militaire prenait déjà presque tous les jeunes gens du peuple, le minimum s'arrêtait encore à 1 mètre 56. En 1868 on dut l'abaisser à 1 mètre 55. Aujourd'hui, depuis la loi de 1872, il est fixé à 1 mètre 54. Cette diminution de la taille n'est du reste qu'un indice de faiblesse générale.

Sur ce point notre siècle a compris ses devoirs. La protection de l'ouvrière a été enfin obtenue. Mais l'étude n'en rentre pas dans cet ouvrage. Celle de l'enfant a été poursuivie avec patience et définitivement conquise. Les obstacles théoriques ou pratiques qui pouvaient s'élever ont été vaincus en partie. Il faut même se demander si la loi toute récente du 2 novembre 1892 n'a pas exagéré la protection. Mais, pour la bien saisir, la connaissance de celles qui l'ont précédée est nécessaire.

Pour comprendre la marche de notre législation ouvrière sur l'enfance, il faudrait étudier d'abord la même législation en Angleterre. La France, en effet, a eu un développement industriel plus lent, moins général que l'Angleterre. Tandis que nos fabriques et nos usines étaient encore peu nombreuses, l'Angleterre voyait s'en élever un nombre immense et les problèmes ouvriers se posaient chez elle avant d'éclater parmi nous.

C'est à la fin du siècle dernier, alors que les grandes découvertes de Watt et des mécaniciens du xviiie siècle avaient transformé l'industrie anglaise, et avaient nécessité de nombreux enfants pour la surveillance des nouveaux métiers, que les abus devinrent excessifs. « Rien de plus triste, nous dit M. Robiquet, que le sort des premiers apprentis anglais. Les mères pauvres ne voulaient pas tout d'abord donner leurs enfants. Alors que firent les patrons ? Ils frappèrent à la porte des work-houses ; ils dépeuplèrent les maisons des pauvres pour remplir leurs usines. Les *overseers* (surveillants), les procureurs, les administrateurs des paroisses furent amenés à louer les enfants comme apprentis dans les manufactures ; et ce qui montre bien quel était le résultat sinistre de ces marchés, c'est que dans les contrats passés à cette époque on lit généralement la clause suivante : « Sur vingt enfants, le manufacturier s'engage à se charger d'un idiot. »

Mais, si l'Angleterre présente les industriels les plus rapaces, elle est aussi la patrie des grands philanthrophes. Dès 1802 un ancien manufacturier, R. Peel, le père du célèbre ministre, faisait passer un bill destiné « à préserver la santé et la moralité des apprentis employés dans les fabriques de coton et de laine. » Le travail de nuit était interdit de neuf heures du soir à six heures du matin, le maximum de la durée du travail fixé à douze heures par jour ; enfin l'instruction élémentaire devait être donnée aux enfants. Le dimanche serait réservé à l'accomplissement des devoirs religieux.

La loi était bonne. Elle ne fut pas exécutée. Avec une habileté d'interprétation toute britannique, les industriels prétendirent que ce bill s'appliquait seulement aux apprentis, et ne passèrent plus de contrats d'apprentissage.

En 1815 R. Peel demanda qu'on étendît à tous les jeunes ouvriers la loi de 1802. Il eut gain de cause en 1819, et fit établir en outre un minimum d'âge avant lequel aucun enfant ne pourrait être employé dans les industries textiles, les plus importantes en Angleterre. Cet âge minimum était fixé à neuf ans. Mais la loi manquait de sanction réelle : l'inspection des enfants était confiée sans rétribution à des personnes plus ou moins charitables. L'acte de 1819 ne fut pas obéi, pas plus que celui de 1825 qui diminuait de trois heures le travail du samedi pour les ouvriers au-dessous de seize ans.

Cependant le mal augmentait sans cesse. En 1826 le ministre du commerce, M. Huskisson, disait à la Chambre des communes : « Nos fabriques de soieries emploient des milliers d'enfants qu'on tient à l'attache depuis trois heures du matin jusqu'à dix heures du soir, et auxquels on ne donne qu'un schelling par semaine ». Wilberforce voulut être l'émancipateur des esclaves blancs comme des esclaves noirs. Soutenu par lord Ashley, plus tard comte de Shaftesbury, qui devait être jusqu'en ses dernières années le bienfaiteur des petits misérables, Wilberforce, l'année même de sa mort, l'année de l'abolition de l'esclavage dans les colonies anglaises, faisait voter le bill de 1833. La protection de l'enfance ouvrière était enfin assurée en Angleterre.

Cette loi, ou Factory act de Guillaume IV, du 29 août 1833, règle le travail des enfants dans les manufactures munies de machines à vapeur ou de moteurs hydrauliques. L'âge minimum de neuf ans est maintenu. Mais, avant la treizième année, le travail ne peut dépasser quarante-huit heures par semaine, neuf heures par jour, le samedi étant un jour de demi-repos, car en Angleterre le dimanche doit en principe appartenir exclusivement à la religion. De treize à dix-huit ans, le maximum des heures de travail est fixé à onze heures par jour, soixante-neuf heures par semaine. Le travail de nuit reste interdit. Deux heures quotidiennes seront données à l'instruction élémentaire des enfants. Enfin, et c'est là l'innovation capitale de la loi, pour la rendre efficace on institua quatre inspecteurs généraux et vingt inspecteurs divisionnaires, entretenus par l'Etat.

La protection était donc établie ; il ne restait plus

qu'à la généraliser, à l'étendre à tous ceux qui en avaient besoin. Les lois postérieures s'occupent des femmes aussi bien que des enfants, mais je ne les décrirai qu'en ce qui concerne ces derniers. Le Factory regulation act du 6 juin 1844, tout en abaissant à huit ans l'âge minimum du travail, apporte de nouvelles réformes. Le travail des enfants au-dessous de treize ans est limité à 6 heures 1/2 par jour. Les heures enlevées au travail sont données à l'instruction ; c'est le système du *demi-temps*, de l'instruction et du travail combinés, qui a produit d'excellents résultats.

En 1867 le Workshop's regulation act impose les lois manufacturières à toutes les industries, même celles qui n'employent ni machines à vapeur, ni machines hydrauliques. En 1872 « the coal mines regulation act » interdit les travaux souterrains aux femmes et aux filles, les restreint pour les garçons. Les enfants des entreprises agricoles furent, la même année, assimilés à ceux des manufactures. En 1874, l'âge minimum de l'emploi dans les industries textiles fut élevé de huit à dix ans. Le Factory and Workshopact de 1878 codifia toutes ces dispositions, imposa le système du *demi-temps* de dix à treize ans, et, soucieux du développement intellectuel comme du développement physique des jeunes ouvriers, ordonna aux patrons de tenir un registre où la présence des enfants à l'école serait constatée. Enfin l'act du 25 juin 1886 appliqua les prescriptions de la loi de 1878 aux magasins, marchés, boutiques, débits de liqueurs, etc... De fortes amendes pouvant s'élever jusqu'à 250 francs frappent chaque contravention commise par les patrons.

L'Angleterre, malgré son amour, on pourrait dire sa passion pour la liberté individuelle, a donc établi des restrictions extrêmes au travail des enfants. Tant il est vrai que la liberté absolue est une chimère, une chimère dangereuse surtout, et à laquelle la Révolution s'est trop abandonnée. L'Angleterre a su y résister et cependant son industrie n'en a pas été ralentie. En protégeant ses enfants et ses femmes, elle a gagné des ouvriers plus robustes et des mères plus fécondes. La production manufacturière, ntre l'act de 1833 et celui de 1867, a plus que quadruplé. En 1833 on employait annuellement 133 millions de kilogrammes de coton. En 1867 la consommation de ce produit dans les manufactures anglaises dépassait 600 millions.

Un exemple aussi convaincant ne pouvait qu'être suivi. Les autres pays le firent. Il n'est pas d'Etat de quelque importance qui n'ait aujourd'hui sa législation sur l'enfance ouvrière. L'Espagne seule, revenue, après quelques essais de République, à la douce routine des rois, a rejeté la loi républicaine votée le 24 juillet 1873 et ne l'a pas remplacée. Mais je n'ai pas en vue une étude de législation comparée. Je me suis étendu un peu longuement sur les lois anglaises parce qu'elles ont été les initiatrices des nôtres. Chaque progrès important réalisé en Angleterre a été suivi à plus ou moins longue distance d'une amélioration en France.

L'extension de l'industrie fut plus lente, je le répète, en France qu'en Angleterre. Les corporations, qui ne furent définitivement abolies que par la Constitution du 3 septembre 1791, avaient entravé de tout leur pouvoir le succès des inventions nouvelles et la création d'ateliers plus vastes. Puis, la Révolution s'intéressa bien davantage au sort des paysans qu'à celui des ouvriers. C'est même ce qui explique le médiocre enthousiasme que la plupart des socialistes actuels manifestent pour les immortels principes de 1789, si chers au contraire à la bourgeoisie. La première mesure protectrice prise par l'Etat en faveur des ouvriers apparaît sous l'Empire. Le décret du 3 janvier 1813, « contenant des dispositions de police relatives à l'exploitation des mines » ordonne en son article 29 : « Il est défendu de laisser descendre dans les mines ou minières des enfants au-dessous de dix ans. » Cette disposition, il est vrai, n'était revêtue d'aucune sanction et resta purement platonique.

Cependant, les abus que nous avons vu se produire dans l'industrie anglaise se manifestèrent aussi en France, quand les grands ateliers s'y furent généralisés. Dès le commencement de notre siècle, l'industrie, favorisée par l'Empire qui dans sa lutte contre l'Angleterre était intéressé à lui nuire aussi bien sur le terrain de l'exportation manufacturière que sur le terrain politique, développée surtout par les inventions du siècle précédent, s'était transformée entièrement. L'enfant quittait la famille pour travailler sous des chefs disposés à en tirer le plus grand profit, et insoucieux de son bien-être. Dès 1827 la Société industrielle de Mulhouse signalait les maux croissants auxquels donnait lieu l'emploi des enfants dans les manufactures. Vers 1835, M. de Villermé était chargé par l'Académie des Sciences Morales, dont il était membre, d'étudier les abus qui se produisaient dans les filatures de coton. Les tables de mortalité qu'il publia effrayèrent les plus indifférents.

Il montra que l'enfant d'un manufacturier, à sa naissance, avait chance de vivre vingt-huit ans et deux mois, l'enfant d'un ouvrier tisseur, un an et cinq mois.

Le public s'engoua pour les réformes demandées. En France, quand l'opinion s'attache à une réforme, elle l'obtient facilement parce qu'elle s'y attache avec emportement. Il est vrai qu'elle s'en désintéresse aussi facilement qu'elle s'en est éprise. Bien des progrès nés dans un mouvement d'enthousiasme disparaissent bientôt. Victor Hugo, admirable poète lorsqu'il se penchait sur les misères humaines et voulait bien ne pas philosopher, écrivit à ce sujet de beaux vers :

Où vont tous ces enfants dont pas un seul ne rit,
Ces doux êtres pensifs que la fièvre maigrit,
Ces filles de huit ans qu'on voit cheminer seules ?
Ils s'en vont travailler quinze heures sous des meules ;
Ils vont de l'aube au soir faire éternellement,
Dans la même prison le même mouvement.
. . . , ...
Jamais on ne s'arrête, et jamais on ne joue.
Aussi quelle pâleur ! la cendre est sur leur joue.
Il fait à peine jour, ils sont déjà bien las.
Ils ne comprennent rien à leur destin, hélas !
Ils semblent dire à Dieu : « Petits comme nous sommes
Notre Père, voyez ce que nous font les hommes ».
. . . .
Que ce travail, haï des mères, soit maudit !
Maudit comme le vice où l'on s'abâtardit,
Maudit comme l'opprobre et comme le blasphème !
O Dieu ! qu'il soit maudit au nom du travail même,
Au nom du vrai travail, saint, fécond, généreux
Qui fait le peuple libre et qui rend l'homme heureux.

Le gouvernement ne pouvait plus se soustraire aux réclamations générales. En 1837 le ministre ordonnait une enquête auprès des chambres de commerce et des conseils de prud'hommes. Sur 106 Chambres consultées, 96 demandèrent la limitation du travail.

En 1839 le parlement était saisi d'un projet de loi. Divers rapports furent présentés à ce sujet devant la Chambre des Députés et la Chambre des Pairs, tous favorables aux améliorations proposées. « Dans le plus grand nombre des manufactures, disait M. Alban de Villeneuve, une partie des ouvriers, exténués par un travail excessif qui leur procure à peine une nourriture suffisante, sont réduits toute la semaine à l'état de machine. Ils en sont arrivés à devoir abuser des forces de leurs enfants, pour procurer à tous un chétif accroissement de salaire, ou même de quoi entretenir leur déplorable abrutissement. C'est ainsi que dans les manufactures qui réclament principalement l'emploi des enfants, dont les mouvements ont plus de souplesse et de délicatesse, on voit des petits enfants de 6 à 8 ans venir passer chaque jour seize à dix-sept heures dans les ateliers, où, pendant treize heures au moins, ils sont enfermés dans la même pièce sans changer de place ni d'attitude, et au milieu d'une température souvent très élevée.

Ces pauvres créatures, mal vêtues, mal nourries, habitant de sombres et froides demeures, sont obligées quelquefois de parcourir, dès cinq heures du matin, la longue distance qui les sépare des ateliers, et qui achève le soir d'épuiser ce qui leur reste de forces. Comment ces infortunés, qui peuvent à peine goûter quelques heures de sommeil, résisteraient-ils à cette espèce de torture ? Aussi ce long supplice de tous les jours ruine leur constitution déjà chétive par hérédité, et prépare à ceux qui survivent une existence pleine de douleur et de misère.

Et ce n'est peut-être pas dans les ateliers nombreux que l'excès du travail des enfants est devenu le plus funeste. Au sein des grandes cités industrielles, il existe un grand nombre d'ateliers isolés qui occupent de pauvres familles. Là, la durée du labeur dépasse toute mesure, l'ouvrier et les enfants qu'il emploie se livrent habituellement à des travaux qui dépassent quelquefois dix-sept et dix-huit heures sur vingt-quatre. Le travail se prolonge davantage à proportion de l'abaissement du salaire. Il a lieu, non dans des locaux vastes et bien aérés, comme le sont la plupart des grands établissements, mais dans des chambres étroites, basses, mal éclairées, souvent humides, au milieu d'émanations malsaines, en un mot sous l'influence des conditions les plus défavorables à la santé et au développement physique de l'enfant. »

M. Villermé n'avait-il pas raison de s'écrier dans son « Tableau de l'état physique et moral des ouvriers » : « La journée des forçats n'est que de douze heures, et elle est réduite à dix par le temps des repas ».

La loi ne fut cependant pas votée sans peine. Plusieurs objections y furent faites, que l'on devait reprendre contre les lois qui suivirent, car elles tiennent au principe même de la protection ouvrière et de la réglementation du travail. On reprochait surtout au législateur de porter atteinte à la liberté du travail, ainsi qu'aux droits des parents sur les enfants. Nous avons déjà vu, au début de ce chapitre, ce qu'il fallait penser de ces objections, dont on ne saurait toutefois méconnaître la portée. On oubliait qu'au-dessus de ces deux grands droits, liberté du travail et puissance paternelle, il y a le principe suprême de toute société, l'intérêt général, qui souffrirait de l'épuisement du travailleur sous l'excès du labeur et de l'exploitation de l'enfant par ses parents. D'ailleurs, comme Louis Blanc le disait plus tard au Parlement : « La liberté n'est pas seulement que le droit d'être libre : le pouvoir d'être libre, voilà la liberté. »

On représentait aussi la diminution du salaire qu'entraînerait pour l'ouvrier la diminution des heures de travail. « Dans cette question, disait M. Rossi, nous sommes toujours entre deux terribles écueils : l'un, de permettre qu'on impose aux enfants un travail meurtrier ; l'autre, de leur arracher le morceau de pain qui les nourrit. Nous sommes toujours entre deux écueils dont le résultat cependant est le même, d'abréger le cours de la vie des l'enfants, déjà si fragile, ou par les excès du travail, ou par les souffrances non moins douloureuses de la faim. »

Cette objection était la plus grave. Elle n'était pourtant pas toute puissante, car l'ouvrier dont l'enfance aura été protégée ne sera-t-il pas plus apte au travail et capable de donner en un temps moindre une somme d'efforts équivalente, sinon supérieure, productrice par conséquent d'un salaire égal ? La loi l'emporta. Elle fut votée le 22 mars 1841.

Elle se restreignait aux manufactures, usines, ateliers à moteurs mécaniques ou à feu continu, et aux fabriques occupant plus de vingt ouvriers *réunis en atelier*. L'âge minimum d'admission était fixé à huit ans De huit à douze ans, le travail ne pouvait dépasser 8 heures ; de douze à seize ans, 12 heures, coupées par des repos. Avant treize ans il était interdit de nuit, c'est-à-dire de 9 heures du soir à 5 heures du matin. Jusqu'à seize ans également, les enfants devaient se reposer les dimanches et jours fériés. Ils étaient tenus de suivre jusqu'à douze ans l'école primaire. Un livret spécial serait délivré à chaque enfant par le maire, et contiendrait tous les renseignements relatifs à son entrée à l'atelier, ses changements de fabrique, etc. Enfin les contraventions seraient punies d'une amende maxima de 15 francs par le tribunal de simple police, et en cas de récidive d'une amende de seize à cent francs par le tribunal correctionnel.

La loi, quelque modeste qu'elle fût dans ses exigences, bien inférieures aux prescriptions du Factory act de 1833, n'en aurait pas moins produit de bons résultats si elle avait été exécutée. Au lieu de suivre jusqu'au bout l'exemple de l'Angleterre, on s'arrêta en chemin. L'inspection salariée ne fut point introduite. L'article 10 de la loi disait bien : « Le Gouvernement établira des inspections pour surveiller et assurer l'exécution de la présente loi. Les inspecteurs pourront, dans chaque établissement, se faire représenter les registres relatifs à l'éxécution de la présente loi, les règlements intérieurs, le livret de l'enfant, et les enfants eux-mêmes : ils pourront se faire accompagner par un médecin commis par le préfet ou le sous-préfet. »

Cet article était plein de promesses. Il ne lui manqua pour être exécuté que la nomination des inspecteurs. Sauf dans cinq départements du nord de la France, la loi resta partout à l'état de lettre morte. Dupin pouvait dire en 1847 à la Chambre des Pairs : « Depuis six ans la loi échoue. D'abord exécutée un peu, puis de moins en moins, on a fini par la déclarer inexécutable, parce que nous n'avions pas institué des inspecteurs puissants et indépendants. »

On songea bientôt à la modifier, à la rendre plus protectrice et surtout exécutable. Un nouveau projet était présenté le 15 février 1847 par le gouvernement. L'action de la loi était étendue à toute l'industrie, l'âge minimum élevé à dix ans, le nombre d'ouvriers des ateliers régis par la loi abaissé de 20 à 10. L'inspection était organisée. Enfin la protection devait s'étendre aux femmes et aux filles de plus de seize ans. La Chambre des pairs. sans accepter toutes ces réformes, approuva les plus nécessaires. La loi fut votée le 21 février 1848. Mais le 22 février, la révolution balayait la monarchie, les Pairs et leur projet avec elle.

La deuxième République ne s'attacha pas particulièrement au sort des enfants, mais essaya de réglementer le travail de la classe ouvrière en général. Ce fut le décret du 2 mars 1848, qui débutait par un de ces considérants à la manière de Rousseau, dont les républicains de 48 étaient si friands : « Considérant qu'un travail manuel trop prolongé, non seulement ruine la santé du travailleur, mais encore, en l'empêchant de cultiver son intelligence, porte atteinte à la dignité de l'homme... » La journée de travail était réduite à 11 heures à Paris, à 10 en province. Ces belles réformes n'empêchèrent pas les journées de juin.

L'Assemblée Constituante transforma le décret de mars en la loi du 9 septembre 1848. Le maximum du temps de travail dans les manufactures et usines était uniformément fixé à 12 heures ; chaque contravention était punie de 5 à 100 francs d'amende. Cette loi n'a pas été abrogée. La Commission supérieure du travail dans l'industrie est encore aujourd'hui chargée de veiller à son exécution, mais elle reconnaît elle-même l'impossibité du contrôle.

On cherchait cependant de nouveau à réformer la loi du 22 mars 1841. En 1850 le Conseil général des manufactures et du commerce, en 1851 la Commission d'assistance avaient exprimé leurs vœux sur ce point. En 1858 le gouvernement soumettait un nouveau projet au Conseil d'Etat, qui concluait à l'organisation d'une inspection salariée. Ce projet rencontra, il est vrai, une vive opposition de la part des préfets. Mais le public éprouvait pour la question un regain d'enthousiasme. Des enquêtes étaient faites en divers lieux. Un instituteur du Nord écrivait ainsi en 1861 :

« Un grand nombre de manufactures emploient souvent à des tâches pénibles ou insalubres de petits malheureux qui n'ont pas dix ans. J'ai vu quinze petits garçons employés à d'une machine à dévider. Ils étaient assis sur des tabourets très élevés pour les empêcher de descendre et tenir leur attention plus éveillée. Chacun avait devant soi trois ou quatre bobines et en aspirait sans relâche les flocons. L'un d'eux, un peu moins jeune, tournait la roue, et on voyait son pauvre corps se dévier et la sueur perler sur son visage à l'expression assombrie. Ces exemples sont nombreux. Les ivrognes, les libertins, les paresseux envoient leurs enfants aux fabriques pour travailler moins eux-mêmes et boire davantage ; les enfants sont livrés trop jeunes à l'industrie : si l'on n'y met ordre, on verra dépérir les robustes populations françaises. »

Une pétition était adressée en 1864 au Sénat. C'était l'époque où M. J. Simon écrivait son beau livre « l'Ouvrier de huit ans » aux pages émues et fortes. Le gouvernement impérial, après avoir chargé M. de Freycinet d'une étude sur les méthodes anglaises, nommait, par le décret du 17 décembre 1868, une Commission supérieure du travail des enfants et confiait l'inspection de ce service aux ingénieurs des mines. Malheureusement ceux-ci étaient déjà trop occupés pour remplir avec succès leurs nouvelles fonctions.

Le projet, tant attendu, était enfin déposé sur le bureau du Sénat en juin 1870. Mais comme en 1848 la révolution le faisait bientôt disparaître.

Ses promoteurs ne se lassèrent pas. En juin 1871 M. Ambroise Joubert demandait à l'Assemblée Nationale d'interdire le travail avant dix ans, de le réduire à 6 heures par jour de dix à quatorze ans, et de remettre le soin de l'inspection aux inspecteurs de l'instruction primaire. Une commission fut nommée et prit pour rapporteur M. E. Tallon, qui soutint énergiquement son projet. Elle demanda qu'on portât à douze ans l'âge minimum et qu'on réglementât les petits ateliers qui, restés en dehors de la loi de 1841, employaient cependant 26.000 enfants. Enfin elle s'occupait aussi du travail des femmes.

Discuté en mai 1872, en janvier 1873 et en mai 1874, le projet de la commission subit de grandes altérations. Les considérations pratiques, l'intérêt des industriels à employer des ouvriers aussi jeunes que possible et celui des parents à profiter du travail de leurs enfants dès leur jeune âge l'emportèrent. La protection des femmes fut à peu près abandonnée. Cependant la loi resta excellente. Elle ne se contentait pas, comme celle de 1841, de poser des principes protecteurs, elle rendait la protection possible. La loi de 1892, qui a modifié celle de 1874, en a conservé l'ordonnance générale.

Cette loi, promulguée le 19 mai 1874, s'étend à tous les enfants employés à un travail industriel dans les manufactures, fabriques, mines, chantiers et ateliers. Le nombre des ouvriers réunis en atelier n'importe plus ; la petite industrie est donc frappée comme la grande. Les apprentis sont eux-mêmes soumis à des restrictions plus protectrices encore que celles de la loi de 1851. Seulement le travail doit avoir lieu hors de la maison paternelle. Le législateur de 1874 crut qu'autrement il attenterait à la puissance paternelle, que d'ailleurs les enfants travaillant avec leur père étaient soumis à une direction plus affectueuse.

La protection varie suivant l'âge. La loi divise les enfants en deux catégories, avant ou après douze ans.

Avant douze ans, l'interdiction est la règle. L'enfant ne peut être employé dans les établissements visés par la loi. Cette interdiction est absolue pour les travaux souterrains. Mais certains travaux industriels souffriraient trop du manque de jeunes ouvriers, dont l'adresse est plus grande pour les travaux délicats. Des règlements d'administration publique prévus par la loi peuvent donc, dans certaines industries, autoriser l'emploi des enfants au dessus de dix ans. Ils ne peuvent cependant travailler plus de six heures par jour. Ils sont tenus de suivre au moins chaque jour une des deux classes de l'école communale, ou si une école spéciale est attachée à l'établissement industriel, la fréquenter deux heures par jour. Divers règlements, du 27 mars 1875, du 1er mars 1877, d'autres encore, ont déterminé les quatorze industries qui pouvaient employer exceptionnellement des enfants de dix à douze ans : ce sont les industries du dévidage du coton, de la filature de la soie, etc...

Au-dessus de douze ans, la liberté du travail devient au contraire la règle. Mais cette liberté n'est pas absolue. Dans l'intérêt même des enfants elle est soumise à certaines restrictions. Elle ne devient définitive qu'à seize ans, pour les garçons, car les filles sont protégées jusqu'à leur majorité. Avant seize ans, le travail quotidien ne peut dépasser douze heures, y compris le repos. Le travail souterrain est réglementé. Les travaux dangereux ou insalubres, comme de graisser des machines en marche, de fabriquer des produits chimiques, etc..., sont également interdits.

Des défenses communes sont imposées pour les deux catégories de jeunes travailleurs. Jusqu'à seize ans, tous ont droit au repos les dimanches et jours fériés.

Le travail de nuit est interdit, sauf encore quelques exceptions pour les industries à feu continu, auquel un arrêt forcé serait funeste. Enfin les ateliers où sont employés des enfants sont astreints à des conditions d'hygièue et de salubrité encore plus strictes que celles imposées par la loi du 13 avril 1850 sur les logements insalubres. Les appareils dangereux, roues, courroies, engrenages seront séparés des ouvriers, de façon que l'approche n'en soit possible que pour les besoins du service.

A côté de la protection matérielle, le législateur a songé aussi à la protection morale de l'enfant. Le maintien des bonnes mœurs et l'observation de la décence publique doivent être assurés dans l'atelier.

Ainsi, les garanties légales contre le surmenage de l'enfant sont sérieuses. Mais il faut les rendre efficaces par une stricte application. C'est ce qu'a obtenu la loi de 1874 par une série de mesures.

Le livret institué déjà en 1841 est conservé. Le maire en délivre un aux représentants de chaque enfant, dont le nom, la date, le lieu de naissance, le domicile, l'assiduité à l'école sont notés sur ce carnet. On se rend ainsi facilement compte de l'âge de l'enfant et du travail qui lui est permis par la loi. Ces livrets rendent de grands services. Aussi la loi du 2 juillet 1890, qui a aboli les livrets d'ouvriers en général, a expressément conservé ceux de la loi de 1874.

La valeur de la loi résidait surtout dans l'organisation définitive de l'inspection. Celle-ci est assurée par quinze inspecteurs divisionnaires, qu'un décret du 25 mars 1883 a élevés à vingt et un. Ils sont rétribués par le gouvernement et choisis par lui parmi les ingénieurs de l'état, ou les ingénieurs civils diplômés. Ces inspecteurs ont les plus grands pouvoirs. Ils peuvent entrer à toute heure dans les établissements industriels et procéder à une enquête minutieuse; ce sont eux qui dressent procès-verbal des contraventions et portent plainte.

Leurs fonctions étant très étendues, puisque leur nombre est restreint, les inspecteurs avaient besoin d'être aidés dans leur mission. La loi a créé à cette fin des commissions locales non rétribuées, en nombre déterminé par les conseils généraux qui peuvent aussi nommer des inspecteurs départementaux. Ces commissions, dont les membres sont désignés par le préfet sur présentation du conseil général, contrôlent le service d'inspection et adressent leurs rapports au préfet.

Enfin, à la tête de tout ce système de surveillance, siège une commission supérieure que nomme le Président de la République auprès du ministre du commerce, et qui, composée de neuf membres, condense tous les résultats de la loi dans un rapport annuel adressé au Président.

Les pénalités sont peu différentes de celles qu'avait édictées la loi de 1841. Seulement la juridiction correctionnelle devient seule compétente dans tous les cas. Chaque contravention commise soit en enfreignant la loi, soit en mettant obstacle aux visites des inspecteurs est punie de 16 à 100 francs d'amende.

La loi de 1874 réalisa donc d'immenses progrès. Elle portait de huit à douze ans le minimum d'âge du travail, l'interdiction du travail de nuit de treize à seize ans. Elle protégeait la petite industrie. Son exécution était surtout rendue facile par l'inspection établie enfin à la manière anglaise.

Son application ne tarda pas à être bienfaisante. Le rapport de la commission supérieure rédigé à la veille de la nouvelle loi qui devait transformer celle de 1874 montre clairement les progrès obtenus. En 1876 le nombre des établissements visités par les inspecteurs et les commissions locales n'était encore que 10.011 ; en 1890, l'année dont traite le rapport du 29 juillet 1891, on en avait visité 69.466. Le nombre des enfants et des filles mineures que les inspecteurs s'étaient fait présenter cette même année se montait à 289.660. Ils n'en avaient trouvé que 1.045 âgés de moins de douze ans et employés six heures dans les quatorze industries faisant exception à la loi. Les autres enfants se répartissaient aussi : 164.817 enfants des deux sexes entre douze et seize ans — 123.798 filles mineures de seize à vingt et un ans.

187 accidents survenus à des enfants avaient été signalés, comme la loi l'exige, par les patrons. Mais le nombre réel doit en être, paraît-il, bien supérieur. Les contraventions relevées avaient entraîné 214 condamnations et les amendes prononcées formaient un total de 6.218 francs. Les inspecteurs se plaignaient du reste plutôt de l'indifférence des tribunaux à l'égard des infractions à la loi de 1874. « Sans le concours absolu des parquets, dit le rapport, les inspecteurs ne parviendront jamais à assurer une complète obéissance aux lois réglementant le travail. »

Néanmoins l'inspection avait produit les résultats qu'on en attendait. Une surveillance active devait sans cesse augmenter les bienfaits de la loi. Et cependant elle ne satisfaisait pas ceux qui l'avaient obtenue. Ambitieux d'arriver à des réformes aussi avancées que celles de l'Angleterre, ils auraient voulu que non seulement l'enfant, mais l'adolescent lui-même fût mis à l'abri de tout travail industriel. Deux ans seulement après la promulgation de la loi, plusieurs modifications étaient proposées à la Chambre des députés et au Sénat par MM. Testelin, Legrand, Renard. Elles furent naturellement repoussées. Il fallait se rendre un compte exact de la valeur des règles existantes avant d'y apporter des retouches. Mais de nombreux et excellents esprits ne trouvaient pas la protection encore assez efficace. Ils désiraient surtout, question où nous n'avons pas à prendre part, que la protection accordée à l'enfant fût étendue à la femme. A la fin de 1879, M. Nadaud demandait la réduction de la journée de travail, pour tous les ouvriers, à dix heures. La Chambre refusa de poser une règle générale sur la réglementation du travail. Elle se contenta de réduire à onze heures la journée des femmes et des enfants au-dessous de dix-huit ans. Mais cette loi, votée le 19 mars 1881 par la Chambre, fut rejetée en entier par le Sénat le 24 février 1882.

La lutte reprit bientôt. — La loi votée l'an dernier est une de celles qui ont été défendues et combattues avec le plus d'obstination. Elle a mis plus de dix ans à aboutir et fait plus de huit voyages entre les deux chambres. En 1886, M. Camélinat et le gouvernement proposèrent chacun leur projet. M. Camélinat voulait que l'âge minimum fût porté à quatorze ans, la durée maxima du travail réduite à six heures jusqu'à seize ans, à huit heures jusqu'à dix-huit. Il étendait aussi son projet, comme dans l'act du 25 juin 1886, aux magasins, maisons de commerce, administrations, etc. Le gouvernement limitait, pour les enfants, les bienfaits de la loi à la seizième anée et réduisait la journée à onze heures. La commission, dont le rapporteur était M. Waddington qui prit une grande part à la confection de la loi, se rapprocha de la proposition gouvernementale, quoiqu'en demandant une limitation plus élevée. Le projét fut voté par la Chambre le 5 février 1889, mais c'était plutôt la proposition Camélinat qui triomphait.

Fidèle à la tradition, le Sénat, Mentor de la Chambre, amendait la loi par son vote du 29 novembre 1889. Modifiée à nouveau en 1890 par les députés, elle l'était encore en novembre 1891 par les sénateurs, partisans de réformes plus modérées. La Chambre enfin se soumettait et acceptait le 29 octobre 1892 le texte voté par le Sénat. C'était à peu de choses près le projet du gouvernement.

Cette loi, promulguée le 2 novembre 1892, comprend trente-deux articles. Sa grande importance est surtout dans la réglementation qu'elle apporte au travail des femmes. En ce qui regarde les enfants, elle conserve le système de 1874, mais en lui donnant sur certains points beaucoup plus d'ampleur. A l'énumération des lieux de travail réglementés donnée par la loi de 1874, celle de 1892 ajoute que ces établissements seront soumis à ses prescriptions « quelle que soit leur nature, publics ou privés, laïques ou religieux, même s'ils ont un caractère d'enseignement professionnel ou de bienfaisance. » Elle n'excepte que l'atelier formé des seuls membres de la famille, à condition encore que l'on ne s'y serve pas de machines à vapeur.

L'âge avant lequel l'enfant ne peut pas travailler monte de douze à treize ans, à moins qu'il n'ait déjà son certificat d'études primaires. Il lui faut en outre, dans ce dernier cas, un certificat d'aptitude physique délivré par le médecin chargé de la surveillance des nourrissons. L'âge jusqu'auquel la liberté du travail est limitée est fixée à dix-huit ans. Avant seize ans l'enfant ne peut travailler plus de dix heures par jour, avant dix-huit ans onze heures par jour, soixante heures par semaine. La limite quotidienne de onze heures ne peut donc être atteinte tous les jours. Le travail de nuit est également interdit avant dix-huit ans. Certaines industries pourront encore déroger à la loi, mais pour un temps qui ne pourra excéder 60 jours par année. Celles qui pourront même y déroger d'une façon permanente, comme les usines à feu continu, hauts fourneaux, etc... n'auront pas le droit de garder leurs jeunes ouvriers plus de sept heures par jour.

Les autres dispositions sont à peu près les mêmes que celles de 1874. Seulement les amendes, un peu augmentées, seront dorénavant prononcées par le tribunal correctionnel, qui doit être compétent en matière de contraventions.

L'inspection ne change pas. Les commissions locales sont remplacées par des commissions départementales, même chose sous une autre étiquette. Des comités de patronage seront institués par les conseils généraux, pour veiller aux intérêts des jeunes ouvriers, en leur procurant par exemple de meilleures situations. C'est là une utile innovation. La Commission supérieure subit une transformation intéressante. Quatre de ses membres seront choisis dorénavant par la Chambre et le Sénat dans leur sein. Le Parlement veut ainsi montrer l'intérêt qu'il attache à ces réformes.

Enfin l'article 8 complète très heureusement la protection morale de l'enfance ouvrière : « On ne peut employer dans les théâtres et cafés-concerts sédentaires les enfants de moins de treize ans. »

Les innovations de la loi de 1892 ne sont donc pas considérables. Elle n'a de réelle importance, je l'ai dit, qu'à l'égard des femmes. Une réforme du système de 1874 obtenue au prix de si grands efforts était-elle bien nécessaire ? La loi de 1874 était déjà très bonne ; il est à craindre qu'en exagérant les prohibitions de la loi, ou ne finisse par la rendre inéxécutable.

On ne peut encore, sans doute, juger une loi si récente, que quelques décrets, ceux du 13 novembre 1892, du 27 décembre 1892, du 13 mai 1893, du 15 juillet 1893 viennent seulement de réglementer. Jusqu'à présent les résultats produits par la loi, dont l'application avait été remise au 1er janvier 1893, n'ont pas été heureux. Des grèves ont éclaté un peu partout, nées du renvoi des ouvriers et des ouvrières qui, atteints par la loi, ne peuvent plus rester aussi longtemps qu'auparavant à la fabrique, c'est-à-dire douze heures par jour en moyenne. Puis, en restreignant le travail des enfants et des femmes, on restreint forcément celui des ouvriers adultes employés dans les mêmes ateliers et qui presque toujours ont besoin de leur aide. La réforme du 2 novembre 1892 produit donc un ébranlement général dans les habitudes de notre industrie. Pour calmer les grèves on n'a encore rien trouvé de mieux que la loi sur l'arbitrage du 27 décembre 1892.

Or, depuis son apparition, patrons et ouvriers se sont unis d'un accord unanime pour la repousser également. Le législateur fait un peu l'effet de M. Robert qui voulant réconcilier Martine et son époux reçut les coups de bâtons des deux parties. Il ne faudrait pourtant pas avec les meilleures intentions du monde édicter des lois qui mécontentent les premiers intéressés en diminuant leur salaire.

Telle qu'elle est, la loi de 1892 ne prête pourtant pas trop à la critique. La protection de l'enfance ouvrière est aujourd'hui acquise. En 1886 on comptait déjà 1.941.165 enfants de 13 à 16 ans. Le nombre des jeunes ouvriers est donc grand. Quoique l'industrie ait pris une extension immense depuis 1840, on ne voit presque plus se commettre les abus que je signalais plus haut. D'autre part, l'exemple de l'Angleterre nous montre qu'on peut arriver à une réglementation extrême sans que l'industrie en souffre. Les enfants y gagneront certainement. La plus grande valeur du système est due surtout à son inspection. Celle-ci sans doute ne peut empêcher tous les abus. Au congrès de l'enfance en 1883 on citait des patrons qui avaient organisé des refuges dans leurs ateliers pour soustraire les enfants à la visite des inspecteurs.

Un autre membre constatait que ces dissimulations se
produisent journellement à Troyes, chez les petits industriels. Mais ces faits sont rares. Après cinquante
ans d'efforts, nous avons enfin conquis la protection
du jeune ouvrier qui, à mesure que l'industrie s'étend
et prend plus d'importance, devient le facteur principal de la prospérité nationale.

CONCLUSION

L'œuvre accomplie. L'œuvre à accomplir. Réformes proposées
à la situation légale de l'enfant.

L'œuvre de la France réorganisée a été immense.
L'enfance à elle seule y tient sa large part. Qu'on
songe à la situation légale qu'elle occupait à la fin de
l'ancien régime, et l'on ne pourra nier que de très
grands progrès ont été atteints. La protection industrielle n'existait pas. L'instruction publique était encore
rare et rudimentaire. En 1789, 22.000 petites écoles
avec 700.000 élèves. En 1889, 88.000 écoles avec
6.500.000 élèves. Et ce qui vaut mieux encore que le
nombre, la valeur de 'l'instruction primaire infiniment
accrue. Les notions nécessaires données enfin sur tous
les sujets que nul homme ne doit ignorer. Les humbles
magisters d'autrefois se feraient élèves aujourd'hui.
Au lieu du désir évident de laisser le peuple dans
l'ignorance, ie désir très noble, sinon poursuivi toujours
avec le tact désirable, de l'instruire sans cesse davantage.

Surtout, ce qui seul peut donner à l'instruction populaire une stabilité, une universalité réelle, la graduité et l'obligation enfin obtenues. Voilà les profits d'un siècle de combat pour l'enseignement de la nation.

L'enfant dans la famille, au siècle dernier, était également négligé par la loi. Il l'était systématiquement. Il devait l'être selon la base même de l'État et le fondement théorique de la puissance paternelle à laquelle le droit comme la religion accordait une omnipotence absolue. Mais le droit lui-même a subi dans ce siècle une transformation complète, l'intérêt social a pris la place de la vengeance divine, que nos anciens légistes faisaient triompher dans le droit pénal, ou du droit naturel, fiction échafaudée par les médiocres penseurs du xviiie siècle. Avec l'intérêt social, une notion plus claire de la famille est apparue. Bien loin de l'ébranler, de la saper à sa base, comme des prophètes de malheur nous le prédisaient, on l'a épurée, fortifiée en atténuant ce que sa puissance pouvait avoir d'excessif.

La famille normale conserve la même constitution qu'autrefois, avec le père à sa tête, et la tutelle au cas où il disparaît, parce que cette organisation, œuvre des siècles, répond aux besoins humains. Mais elle-même a été améliorée par la création de l'état civil, par la séparation de l'église et de l'état en cette matière. L'officier d'état civil a été institué, et en reprenant le soin de déterminer la condition de chacun, par les registres de naissance, de mariage ou de décès, l'État n'a fait que de rendre service à la société.

La famille anormale surtout est maintenant surveillée. Les nourrissons étaient déjà l'objet de la sollicitude publique, depuis plusieurs siècles. Là, comme sur bien d'autres points, l'Etat nouveau a seulement hérité des anciens usages qu'il a eu la sagesse d'imiter. Mais, dans l'ancienne France, les prescriptions à l'égard des nourrissons n'avaient rien de fixe, ni surtout de général. Les grandes villes seules étaient réglementées. Depuis la loi du 23 décembre 1874, tout enfant placé en nourrice doit enfin être soumis à la surveillance de l'autorité.

C'est surtout contre les abus de la famille ou ses négligences que l'enfant est désormais protégé. Les attentats commis contre lui, à sa naissance, sont moins cruellement punis qu'autrefois, mais ils le sont par cela même plus efficacement. L'édit de Henri II ne pouvait plus, dès le xvii° siècle, avoir de portée efficace. Sous l'enveloppe immuable des lois, l'esprit public ne s'en était pas moins transformé. La Révolution n'a pas marqué un changement subit dans son essence. Plutôt que d'appliquer des peines qui paraissaient déjà horribles, le magistrat du siècle dernier préférait ne pas poursuivre les avorteuses. Aujourd'hui, au contraire, la peine adoucie est plus applicable. D'ailleurs les attentats contre les nouveau-nés ont peu d'importance. Ceux contre l'enfant déjà grandissant en ont bien plus. Les attentats à la pudeur sont fréquents. Le Code pénal les punit avec sévérité, quand ils ont pour victimes des enfants au-dessous de douze ans. Ils sont plus odieux, en effet, à cet âge, où nulle résistance physique n'est possible, où la résistance morale est bien diminuée par la pudeur encore en formation.

Les plus grands bienfaits des lois nouvelles, pour protéger l'enfant dans son corps et dans son âme, sont réalisés par la loi du 7 décembre 1874, sur l'emploi des enfants dans les professions ambulantes, et surtout par celle du 24 juillet 1889 qui prononce la déchéance de la puissance paternelle. Il a fallu bien des efforts pour obtenir enfin que ce pouvoir cessât d'être absolu. On y est arrivé, et la famille en sera certainement améliorée.

Le législateur avait aussi à s'occuper des enfants sans famille. Il n'a pas cessé de s'y intéresser. L'Assistance publique, malgré toutes ses lacunes et tous ses défauts, restera une des plus belles créations de notre époque. Là aussi l'ancien régime avait déjà fait beaucoup, mais il avait trop laissé le soin de la charité à l'Église. La confusion du rôle religieux et du rôle civil sur ce point aussi faisait tout le mal. On ne voyait pas que la société, en astreignant ses membres à certaines règles, en les forçant à lui être utiles, leur doit aide et secours, au cas où malgré eux ils ne peuvent se suffire à eux-mêmes. Les hospices d'enfants abandonnés et trouvés, en 1789, existaient en grand nombre. Les obligations des seigneurs hauts justiciers étaient formelles. Mais malgré tout, le nombre d'enfants non soutenus était certainement bien plus grand qu'aujourd'hui, parce que l'État n'était pas suffisamment intervenu. Il soutenait la charité privée de ses dons. Il n'en avait pas fait un service public. L'assistance à domicile, les bureaux de bienfaisance datent de ce siècle.

Le décret du 19 Janvier 1811, la loi du 10 Janvier

1849, celle du 5 mai 1869 ont donné des bases solides à la protection de l'enfance pauvre ou abandonnée. En 1789 l'hôpital général de Paris, le plus grand de tous, le mieux organisé en France, entretenait au plus 4.000 enfants. Aujourd'hui, les pupilles de la Seine dépassent 33.000. Les secours aux mères ont permis à plus d'une de conserver avec elle son enfant, ce qui leur était utile à tous deux. Les procédés d'éducation, surtout, sont plus intelligents et l'on ne voit plus ces agglomérations d'enfants désœuvrés ou surmenés, dont Larochefoucaud se plaignait si justement.

Les bienfaits du nouveau régime se font sentir en dernier lieu, autant et même plus qu'ailleurs, dans la situation pénale de l'enfant. Le droit criminel s'est adouci, trop même au gré de certains juristes. Nous sommes à la recherche d'un nouveau droit pénal, qui tienne enfin compte de la responsabilité limitée de l'homme. Ce que le législateur n'a pas encore accordé pour l'adulte, il l'a depuis longtemps compris pour l'enfant. Sans parler des grandes réformes générales, suppression de la torture, simplification de l'instruction, perfectionnement du droit de défense de l'inculpé, les codes de la Révolution d'où est sorti le code de 1810 ont enfin reconnu la situation exceptionnelle que l'enfant coupable réclame. La présomption de non-discernement accordée jusqu'à seize ans, la création de prisons spéciales, les maisons de correction, enfin l'exemption des peines capitales contre les enfants, tel est dans ses grands traits le progrès réalisé en droit criminel depuis 1789.

Nier que ce siècle ait réalisé d'immenses progrès,

que, spécialement pour l'enfant, la France, et l'humanité après elle, soient entrées dans une voie de justice plus grande et de protection plus sérieuse du faible et du souffrant, nier cela n'est donc possible qu'à l'ignorance ou à la mauvaise foi. Sur ce terrain, plus qu'ailleurs, nous pouvons être heureux des progrès accomplis. En exceptant peut-être l'instruction, les améliorations à la situation de l'enfance n'ont été conduites que dans une pensée de justice et d'intérêt général, non de parti ni de combat. Les lois qui interdisent le travail industriel des enfants, celles qui ont trait à l'assistance publique ou à la puissance paternelle, ne sont ni royalistes ni républicaines, ni cléricales ni athées. Elles sont françaises, et c'est la patrie toute entière qui en profite.

Mais, si l'on peut en toute franchise et sans arrière-pensée bourgeoise ou conservatrice, reconnaître que le nouveau régime, en donnant à l'individu une place plus grande dans l'Etat, a réalisé des réformes que la monarchie absolue n'aurait pu atteindre, si même elle l'aurait jamais cherché, il ne faut pas tomber dans l'extrême contraire. Beaucoup de bien avait été accompli avant la nuit du 4 août, n'en déplaise aux jacobins. Il faut même s'en féliciter, car bien loin de créer une antithèse violente entre la nouvelle et l'ancienne France, on reconnaît que celle-là n'a fait que sortir de celle-ci, plus rapidement peut être qu'on ne s'y serait attendu. La Révolution n'a été en somme pour la France qu'une crise de croissance.

Si le progrès réalisé pour l'enfance est indéniable, certains points ne sont pas encore à l'abri de toute critique. Le tableau si lumineux a pourtant ses ombres. L'Assistance publique, je viens de le dire, est une magnifique création. Pourtant, elle ne fait pas encore tout le bien qu'on en pourrait tirer. Son organisation manque de cohésion. Une loi générale, comme le législateur de 1849 avait essayé, mais sans succès, d'en esquisser une, est encore attendue. L'enfance abandonnée n'a pas une réglementation assez rigoureuse. Les commissions des hospices instituées par la loi du 15 pluviôse an XIII sont toujours debout. Mais le préfet et son inspecteur institué par la loi du 5 mai 1869 sont en lutte avec elles, et l'on ne sait parfois qui doit intervenir, de la commission ou du préfet. En fait, c'est ce dernier qui prend toutes les décisions au sujet des enfants assistés. Mais il est toujours fâcheux que le fait se substitue au droit. Sur ce point, l'ancien régime était peut-être plus puissant que nous. A la place de la loi, on trouvait le pouvoir civil, à la place du législatif, pour employer le style moderne, l'exécutif, et souvent l'intendant, le lieutenant de police à Paris, intervenait dans sa toute puissance, tandis qu'aujourd'hui la loi sommeille. L'arbitraire de l'ancien régime avait parfois du bon. L'enfant abandonné, par exemple, était enfermé sans éclat. Aujourd'hui, il faut une action judiciaire, parfois longue, pour l'envoi en correction, et qui porte toujours atteinte à la bonne réputation de la famille.

D'autres points, dans notre ensemble de lois relatives à l'enfance, méritent encore des réflexions plutôt défavorables. La réglementation du travail des jeunes ouvriers est bonne, mais il ne faudrait pas la pousser trop loin.

Dans les matières sociales, on ne saurait faire trop d'abstractions, et considérer l'enfant sans songer à la famille. En l'empêchant de travailler, on l'empêche de gagner. Ce point a été traité plus haut, je n'y reviendrai pas; je me contente de désirer que la législation industrielle, que la loi du 2 novembre 1892 subsiste sans modifications fondamentales.

L'école appelle de plus sérieuses critiques. L'ensemble du système scolaire est bon. C'est à juste titre qu'on peut le ranger au premier rang, parmi ce que les orateurs de réunions publiques appellent les conquêtes de la Révolution. Mais les détails sont moins parfaits. Une question s'élève à ce sujet qu'on ne peut éviter; c'est celle de l'enseignement religieux de l'école primaire. Est-ce un bienfait d'avoir décrété l'enseignement moral et civique, au lieu de l'enseignement religieux? On sait la valeur de cet enseignement moral et civique, pour lequel Paul Bert avait rédigé de petits manuels fades. Une anecdote souvent citée nous montre un brave instituteur répondant à l'inspecteur qui l'interrogeait sur la leçon civique et morale : « Monsieur l'inspecteur, nous avons étudié aujourd'hui le chapitre relatif aux ministres. » Sans doute, les devoirs envers le président du Conseil ou le ministre de l'instruction publique sont bons à rappeler aux jeunes élèves, mais suffiront-ils à en faire de braves gens ? Tout a été dit sur l'école sans Dieu. Il est faux d'ailleurs de prétendre que le législateur de 1882 ait voulu chasser Dieu de l'école. Ce qu'il a cherché, c'est une école où tous les dieux divers qui se partagent nos hommages ne vinssent point se chercher querelle, le dieu des protestants, le dieu des

catholiques ou des juifs, et même celui des athées,
car il existe, c'est l'intolérance. Le législateur a-t-il
réussi ? On ne peut encore le dire. Cette question se
rattache d'ailleurs à la question religieuse elle-même,
et l'étude approfondie en échappe à cet ouvrage.
Mais j'ai voulu indiquer ce qui jusqu'à présent est
le point douloureux de notre système scolaire. Il faudra trouver une solution, car l'école est le plus grand
facteur d'idées d'un peuple, idées morales ou intellec-
tuelles. La morale indépendante est impossible pour les
esprits simples. Pour eux, toute morale est intimement
liée à la religion. Tant que celle-ci, sous quelque forme
que ce soit, sera nécessaire à une société, notre enseignement actuel aura des pieds d'argile.

On le voit, un simple aperçu des bienfaits de notre
protection de l'enfance en montre aussi les lacunes.
Tout perfectionnement éclaire en quelque sorte les
défauts qu'on distinguait moins auparavant et appelle
de nouveaux efforts. S'il faut admirer le résultat d'un
siècle de luttes et la création presque complète d'un
ensemble de dispositions protectrices que l'ancien régime connaissait à peine, ce n'est pas pour prêcher désormais l'inaction et la béate contemplation de l'édifice
élevé. Le socialisme a tort de mépriser tout ce que firent
ses devanciers, il a raison de prêcher une amélioration
sociale incessante. Après avoir montré tout ce que la
loi a fait pour l'enfant, il faut indiquer les réformes
qui lui incombent encore, au moins les plus immé-
diates. On en a beaucoup proposé. Notre système parle-
mentaire, en surexcitant les facultés législatives des
Français, fait naître chaque année des centaines de

projets divers, qui tous, dans l'esprit de l'auteur, sont la réalisation parfaite des désirs de l'humanité. De ces projets, la plupart tombent dans l'oubli, quelques-uns sont adoptés par l'opinion publique, et tôt ou tard réussiront. L'enfance en compte plusieurs qui s'efforcent de combler les lacunes énumérées. Je vais les étudier rapidement et montrer ce qu'ils ont de réalisable.

Aucune modification essentielle n'a été proposée aux lois scolaires. Les changements seraient trop difficiles. L'édifice laborieusement construit risquerait de s'écrouler à la moindre retouche qu'on y voudrait apporter. Les projets de quelques radicaux, qui demandaient durant la dernière législature que tous les fonctionnaires fussent obligés d'envoyer leurs enfants aux écoles publiques, jusqu'au jour où celles-ci deviendraient les seules permises, ont été rejetés avec le dédain qu'ils méritaient. De même la loi du 2 novembre 1892 durera, j'espère, de longues années avant d'être modifiée. La proposition que M. Félix Martin a soumise en ce sens au Sénat, dans sa séance du 25 avril 1893, a été rejetée aussitôt. Ce n'est pas à dire qu'aucune amélioration dans la situation de l'enfant adonné à un travail manuel ne soit désirable et possible. Le jeune ouvrier a été seul protégé jusqu'à présent. Les enfants, si nombreux pourtant, employés soit à des travaux agricoles, soit dans le commerce, soit dans ces magasins de nouveautés par exemple, qui remplacent toujours plus les petits magasins et où parfois le travail prend une durée excessive, ont été laissés de côté. La grande difficulté de la réglementation pour des travaux aussi divers est la cause principale de

cette omission. Mais c'est là une réforme souhaitable.
En Angleterre, l'act du 25 juin 1886 y a pourvu. En
France, dans le projet qu'ils déposèrent la même année,
modifiant la loi du 19 mai 1874, MM Camélinat, Boyer,
Basly, etc., demandaient qu'on comblât cette lacune.
La section IV du projet réglementait « les travaux dans
les magasins, administrations, maisons de commerce
et en général de toute femme ou enfant dits employés.»
Seulement, en fixant à 14 ans l'âge minimum du
travail, et à huit heures le maximum du travail quotidien, ils avaient des exigences trop grandes. Il est à
désirer cependant qu'on reprenne cette proposition, et
qu'après avoir réglementé les petits ateliers sans consi-
dération du nombre d'ouvriers qui les composent, fus-
sent-ils deux ou trois, on protège les autres enfants
soumis à n'importe quel travail manuel, selon les inconvénients plus ou moins grands qu'il apporte à leur
développement.

Les réformes les plus nécessaires se remarquent surtout dans la situation de l'enfant considéré par rapport
à la famille, soit qu'il en ait une, soit qu'il ait été
abandonné par elle, ou enfin qu'il soit en prison.

La protection de l'enfant, pour être efficace, doit com-
mencer avec celle de la mère. Si celle-ci n'est entourée
de certains soins au moment de sa grossesse, l'enfant
naîtra faible et débile. Parfois même la mère sans ressources tuera son enfant, ou tout au moins le laissera
dépérir et disparaître d'une façon moins violente, mais
plus sûre. A la protection de l'enfant se lie intimement,
quand celui-ci en est encore à ses premiers jours, celle
de la femme qui l'a conçu. Quoique aucune loi n'ait

encore posé ce principe, sinon celle du 18 juillet 1893 dont je parlais au début de cet ouvrage, il est aujourd'hui admis de tous.

Il se mêle en effet à cette question une autre plus générale qui passionne les publicistes depuis quelques années, celle de la repopulation de la France. Il semble que depuis un siècle la notion de la valeur humaine, considérée au point de vue social, se soit transformée. A mesure que les Etats se sont centralisés, les nationalités développées et fortifiées, la lutte a paru à chaque peuple plus vitale qu'autrefois. Le nombre a pesé toujours plus dans la balance, et l'on en est venu à se dire que quelques millions d'hommes de plus ou de moins pourraient à l'heure du combat entraîner la perte d'une nation. Ces sentiments, vrais ou faux, se sont surtout répandus en France. La statistique s'est patiemment exercée à dresser le compte exact de nos forces et de nos faiblesses, le nombre de nos naissances et de nos décès, qu'on a mis ensuite en regard des forces de nos adversaires. Les esprits un peu simplistes, qui s'arrêtent trop aux apparences et se laissent éblouir par des additions, en ont conçu un effroi grandissant, qu'ils ont épanché dans de multiples écrits et d'innombrables conférences. A les entendre, la France court à l'abîme, parce que sa natalité n'est pas aussi grande que celle des Anglo-Saxons. C'est de cette agitation qu'est sorti au mois de juillet 1893 le congrès de la repopulation de la France.

La question sans aucun doute est importante. Quoique énumérés déjà en tout lieu, quelques chiffres le feront bien voir. Le recensement de 1790 accusait exacte-

ment 26.363.074 habitants dont 5.709.270 composant
la population urbaine, et 20.521.538 la population ru-
rale ; — celui de 1891, 38.218.903 h. Bien qu'inférieure à
ce qu'on pouvait attendre d'un siècle de progrès matériels et de bien-être grandissant, l'augmentation est
néanmoins satisfaisante. Mais les sujets d'inquiétude
résultent d'autres causes. Depuis dix ans, les mariages
ont constamment baissé, tandis qu'augmentaient les
unions illégitimes. De 282.079 en 1881 ils sont tombés
à 269.322 en 1891. Les naissances s'en sont naturellement ressenties. La fécondité qui, en 1789, dépassait
quatre enfants par mariage est tombée aujourd'hui
au-dessous de trois. Et cependant, le nombre des
enfants naturels, par un contre-coup fatal, croissait.
Après être descendu jusqu'à 807.008 enfants seulement en 1889, l'année de l'influenza, la natalité remon-
tait en 1890 à 838.059 enfants vivants, dont 71.086 naturels qui mal soignés ou abandonnés mourront en
grand nombre. Dans la dernière période décennale,
le chiffre annuel des naissances a diminué de 30.000.
Enfin, et surtout, tandis que la fécondité diminue, la
mortalité s'accroît. En 1881 on ne comptait encore que
828.828 décès, puis ils ont augmenté peu à peu, pour
atteindre après des oscillations diverses le chiffre de
876.505 en 1890. En cette année, bien loin de s'élever même faiblement, la population de la France diminuait de 38.446 habitants.

Les craintes des démographes sont donc compréhen-
sibles. Les causes de cette décroissance sont nombreuses.
Il faut d'abord, pour les dernières années, rappeler ce
fait qu'il y a 35 ou 36 ans (durée ordinaire d'une géné-

ration) la guerre de Crimée et le choléra avaient affaibli la population, et que le nombre des naissances devait forcément s'en ressentir, comme dans quelques années la génération de 1870 produira une moins forte natalité.

Puis, il est des causes profondes et générales. L'âge moyen des mariages s'est élevé. La moyenne pour les femmes est aujourd'hui entre la vingtième et la vingt-cinquième année, pour les hommes entre la vingt-cinquième et la trentième. Enfin les grandes familles semblent une malédiction, bien plus qu'un don du Seigneur : « *La matrem filiorum lætantem* du psalmiste devient une exception, et au village comme à la ville, on se met vite à plaindre la femme à qui ont été infligées plus de trois ou quatre fois les fatigues de la gestation, les douleurs de l'enfantement et les servitudes qui en sont les suites. » (A. de Foville). La propriété toujours plus morcelée fait redouter aux paysans de nombreux héritiers qui diviseraient le petit domaine si péniblement créé.

Le mal appelle des remèdes immédiats. Sans doute, puisqu'il est avant tout moral, la morale seule pourrait l'extirper entièrement. C'est ici le lieu de répéter l'éternel : *Quid leges sine moribus?* Mais, si la loi ne poursuit pas un but contraire à la morale, elle le poursuit autrement. Tandis que la morale raisonne sur les faits généraux et s'efforce de trouver des préceptes pour tous les temps et toutes les formes de société, la loi songe surtout aux besoins spéciaux du pays qu'elle doit diriger. Plusieurs moyens ont été proposés pour lutter contre la dépopulation de la France. Les uns tendent surtout à augmenter la natalité. Ainsi cet impôt sur les célibataires, inspiré surtout, je pense, par les vieilles filles. Ainsi encore la transformation de l'impôt mobilier, soutenue au congrès de la repopulation, pour dégrever les familles nombreuses et augmenter les charges des familles restreintes. Mais ce que l'on gagne ainsi d'un côté, la nation le reperd d'un autre. Lorsque le Parlement vota, il y a quelques années, dans une pensée généreuse, la suppression de la cote personnelle pour les parents ayant eu plus de sept enfants, on dut bientôt rapporter cette loi, ou tout au moins la restreindre aux familles vraiment nécessiteuses. La diminution d'impôt ainsi produite était en effet forte pour le Trésor, sans que chaque particulier fût assez dégrevé pour rechercher une augmentation de famille.

A côté de ces projets proposés pour augmenter la natalité, il y en a d'autres, et c'est le plus grand nombre, dont le but est plus accessible et plus immédiat. Ils veulent la diminution de la mortalité infantile, qui, on le sait, pour la première année seule atteint déjà près du cinquième du nombre total des décès. Avant d'augmenter les naissances, on aurait déjà grand profit à garder un plus grand nombre des enfants qui naissent en France. En même temps que l'intérêt national en profite, l'enfant lui-même y gagne, puisque sa vie est mieux surveillée et ses souffrances diminuées. C'est à ce but que tend la loi Roussel, et ses résultats, nous l'avons vu, ont déjà été grands, s'ils ne sont pas encore aussi élevés qu'on pourrait le désirer. Mais la loi Roussel ne protège qu'une catégorie d'enfants, les nourrissons. C'est l'enfant à sa naissance, et même avant de naître, durant les derniers mois de la grossesse, qui appelle aussi la sollicitude de la loi.

J'ai montré que le principe de la protection accordée aux femmes enceintes semblait déjà accepté par la loi du 18 juillet 1893 sur l'assistance médicale gratuite. L'étude de cette réforme a été poussée assez loin pour qu'on puisse s'attendre à la voir bientôt aboutir. Plusieurs projets ont été élaborés sur ce point pendant la dernière législature. Avec une patience rare, M. de Lacretelle a présenté déjà cinq fois à la Chambre une proposition très étudiée d'asiles pour les femmes enceintes et les enfants nouveau-nés. Chaque hospice contiendrait une maternité où les femmes seraient admises, sans autre obligation que de remettre au directeur un pli cacheté, contenant leur nom et leur adresse. Rendu à la sortie sans avoir été ouvert, ce pli ne serait décacheté qu'en cas de mort de l'accouchée. Les enfants nés dans ces asiles seraient en outre assimilés aux enfants assistés.

Le Conseil supérieur de l'Assistance publique, dans sa session du mois de juin 1892, adoptait un projet semblable. L'article 1 en est ainsi conçu : « Il est organisé dans chaque département un service d'assistance maternelle gratuite pour les femmes enceintes dénuées de ressources. » Des maternités, secrètes elles aussi, recevraient les femmes lors des couches, des asiles-ouvroirs leur permettraient de se reposer quelques mois auparavant. On peut espérer que ces tentatives réussiront. M. de Lacretelle présentera bien son projet une sixième fois.

La plus importante de ces réformes en faveur de l'enfant nouveau-né est celle de M. Brousse, à laquelle la Chambre, au mois de novembre 1892, consacrait quelques séances, et qu'elle accueillait avec intérêt. Reprenant un article d'un projet de 1890 sur le travail des femmes dans l'industrie, il en fait une loi particulière. Il demande que les femmes ouvrières soient obligées de cesser leur travail pendant quatre semaines au moment des couches. Mais il faut leur assurer le salaire ainsi perdu. On fondera alors dans chaque arrondissement une caisse de maternité, alimentée par l'Etat et le département et qui donnera à chaque mère une indemnité moyenne de deux francs par jour d'arrêt. « L'interdiction du travail est une sorte d'expropriation pour cause d'utilité publique qui entraîne le vote d'une indemnité compensatrice. » M. Brousse qui étend le bénéfice de sa loi aux femmes employées dans les travaux agricoles, comme aux ouvrières de l'industrie, lui attribue à juste titre des résultats bienfaisants. « Quand la femme sera amenée à garder la maison pendant les quatre semaines qui suivront son accouchement, il est à croire qu'elle allaitera son enfant tout au moins pendant un temps égal, et cet enfant sera à moitié sauvé. »

Ces rêves sont beaux. Des faits trop précis les expliquent. « Sait-on, disait M. Jules Simon dans le « Petit Journal » où il caresse ses utopies, sait-on qu'il y a dans Paris comme un troupeau errant de sept cents femmes grosses de huit mois, sans pain et sans asile, abandonnées ou oubliées du père de leur enfant? » Le docteur Napias montrait que la plupart des accouchées sortent de l'hôpital au bout de neuf jours, quand elles devraient y rester plus du double. Et combien d'ouvrières qui, dès le lendemain de l'enfantement, rentrent dans l'usine ou l'atelier et, mal remises, y mourront peut-être, elles et l'enfant.

Ces lois diminueraient la mortalité infantile, sans doute. Mais là encore des obstacles sociaux se dressent. D'abord les moyens pécuniaires. Le recensement de 1886 annonçait 1.073.142 ouvrières dont 119.238 avaient enfanté cette année-là. En y joignant les femmes indigentes et les mères de famille ayant au moins déjà quatre enfants, et méritant, elles aussi, qu'ou les secoure, M. Brousse qui ne fixait qu'à un franc la moyenne quotidienne du secours à accorder à chaque accouchée, arrivait déjà à une évaluation totale de 6.400.000 francs par an. Comment trouver cette somme, sans augmenter encore les impôts, que le peuple est le premier à supporter, sans que surtout les nécessiteux, les besogneux et les déshérités ne réclament tous, eux aussi, protection et secours ? L'indemnité en outre devant être fixée par le conseil municipal donnerait lieu à ces incessantes vexations particulières dont la politique mesquine des villages est une cause trop-fréquente. Puis, quoi qu'on dise, ce sont là des restrictions incessantes à la liberté de l'individu. Je sais bien que la liberté de souffrir et de mourir est une triste liberté, et que les phrases creuses dés admirateurs du bloc ont fait leur temps sur ce point comme sur bien d'autres. Mais il ne faut pas de demi-mesure. Ou protéger à toute heure, ou renoncer à ces demi protections qui sont surtout des entraves. Le socialisme intégral, si par grand hasard un démiurge bon enfant nous en faisait soudain cadeau, pourrait peut-être résoudre ces difficultés. Le demi socialisme, qui n'est que la peur déguisée de la bourgeoisie présente, n'amènera guère que des souffrances.

Serait-ce la fameuse question des tours qui nous ferait trouver un nouveau remède? Supprimés en fait, les tours ont conservé leur attraction sur bien des esprits. Il semble parfois qu'avec eux les infanticides disparaîtraient, les avortements s'évanouiraient comme par miracle. Songez donc, l'État serait là, qui accueillerait sans curiosité indiscrète tous les enfants qu'on voudrait bien lui offrir, et les honnêtes familles seraient trop heureuses de procréer puisqu'elles tiendraient un débouché certain. Malheureusement pour les partisans des tours, les faits sont contre eux.

C'est le décret du 19 janvier 1811 qui les établit. Il instituait dans chaque arrondissement un hospice où les enfants pourraient être déposés et disait : « Dans chaque hospice destiné à recevoir les enfants trouvés, il y aura un tour où ils devront être déposés. » Le tour était un cylindre concave d'un côté, convexe de l'autre. La partie concave placée à l'extérieur était destinée à recevoir l'enfant abandonné ; le cylindre tournait à l'appel d'une sonnette, et apportait l'être anonyme à la sœur de service qui lui assignait un berceau et un numéro dans le long dortoir de l'hospice. Il y eut environ 250 hospices qui ouvrirent un tour. Les résultats ne se firent pas trop attendre. De 70.000 en 1810 le nombre des abandonnés avait passé en 1833, selon la statistique officielle de M. de Gasparin, à 130.000. Les sages-femmes y trouvaient des emplois fructueux. On avait même institué, s'il faut en croire l'anecdote, qui sévit dans les questions sociales, la bourriche de Pithiviers, grande voiture qui ramassait les enfants de la région et venait les déposer à Paris. Si encore tous ces enfants paternellement recueillis avaient prospéré. Mais partout la mortalité frappait les deux tiers des abandonnés. Aussi, cinquante ans après le décret qui les ordonnait, les tours avaient disparu. Ils n'ont pas été abolis par une loi, ils sont tombés en désuétude. Leurs partisans, toujours plus rares d'ailleurs, voudraient donc qu'on les rouvrît. L'essai a été funeste, il ne s'agit pas de le recommencer.

Bien autrement grave est la dernière réforme générale, qui est autant morale que sociale : la recherche de la paternité. Elle se rattache elle-même à une question plus générale, la situation des enfants naturels dans notre législation. Cette question a fait du chemin depuis quelques années. M. Alexandre Dumas fils, se faisant professeur de morale sur ses vieux jours, a sonné l'alarme. M. G. Rivet, abandonnant la littérature, est devenu le champion des enfants naturels. Leur sort mérite qu'on s'y arrête. La mortalité qui les frappe est effrayante ; 75 0/0 meurent avant la majorité. Et ceux qui vivent sont encore plus misérables.

Plusieurs réformes à leur situation ont été proposées. MM. Letellier, Jullien, Rivet ont d'abord demandé la modification de l'article 338 et des articles 756 à 766 du Code civil, qui règlent les droits des enfants naturels dans la succession de leurs parents. Le Code réduit

la part de l'enfant naturel légalement reconnu au tiers
de ce qu'il aurait reçu s'il eût été légitime. Le projet
veut faire disparaître cette infériorité qu'il juge inique
et dangereuse, et demande l'assimilation de l'enfant légalement reconnu à l'enfant légitime quant aux droits
sur la succession de ses parents, du moins de celui
qui l'a reconnu. La situation des enfants naturels quant
aux biens demande certainement des modifications.
Zachariæ lui-même, le grand jurisconsulte allemand,
qui étudia le Code Napoléon avec tant de profondeur
mais aussi de prudence, le reconnaît : « Certaines matières du Code civil, dit-il, par exemple celle des enfants naturels, auraient dû recevoir des développe-
ments plus étendus. » Mais faire disparaître toute différence, même quant aux biens, est excessif. Quoi qu'on
fasse, la situation légale des enfants naturels sera toujours anormale, puisque leur naissance ne peut être
approuvée entièrement par une société qui, pour rester puissante, a besoin qu'on respecte les règles qu'elle
a posées.

Du reste, le nombre des enfants naturels reconnus
est la minorité. Nous avons vu qu'en 1890 sur 71.086 enfants naturels déclarés à l'officier de l'état civil, 29.687
seulement avaient été l'objet d'une reconnaissance
légale de la part d'un au moins de leurs parents. 41.399
ont été inscrits avec la seule mention « parents inconnus. » Pour améliorer la situation de ces derniers qui
n'ont, en quelque sorte, aucune famille, on s'attaque
à l'article 340 du Code civil. C'est celui-ci qui en effet
interdit toute recherche de la paternité. La question a
donné lieu depuis quelques années à de vives contro-

verses. Chacun a voulu dire son avis. Les théologiens eux-mêmes s'en sont mêlés, montrant du reste leur incapacité de comprendre autre chose que la métaphysique. On sait que l'ancien régime autorisait la recherche de la paternité comme de la maternité. Mais les abus furent si grands que la Révolution s'empressa de supprimer ce droit. Ecoutez Tronchet au Conseil d'Etat lorsque le projet du Code civil vint en discussion sur ce point : « Autrefois, une fille était libre de diriger sa déclaration contre qui elle voulait, et ordinairement, parmi les personnes qui l'avaient fréquentée, elle choisissait le plus riche, pour le faire déclarer père de son enfant. Cette manœuvre était presque toujours heureuse, puisqu'il suffisait pour faire prononcer la paternité, que la fille prouvât qu'il y avait eu fréquentation. »

La question se ramène à la preuve. Lé Code eut raison d'abolir le vieil adage : *« Creditur virgini parturienti »*. Il fallait être bien naïf ou bien sensible pour accepter sans enquête possible une pareille preuve. Le grand grief que l'on fait au Code est, en interdisant la recherche de la paternité à l'article 340, d'avoir à l'article 341 autorisé la recherche de la maternité. Mais c'est que là, un commencement de preuve d'un ordre physiologique est déjà possible. D'ailleurs l'article 341 a mis de grandes restrictions à ce droit accordé à l'enfant : « La recherche de la maternité est admise. L'enfant qui réclamera sa mère est tenu de prouver qu'il est identiquement le même que l'enfant dont elle est accouchée. Il ne sera reçu à faire cette preuve par témoins, que lorsqu'il aura déjà un commencement de preuve par écrit. » L'article 341 est resté dans la juste limite. Mais le Code a eu tort d'interdire toute recherche de la paternité. Se fondant sur le même principe qu'en l'article 341, l'article 340 devrait permettre cette recherche alors que des témoignages patents tels que lettres, déclarations du père, prouvent la filiation. C'est là le vrai nœud de la question, ce que les sentimentalistes ne semblent pas voir clairement. Dans une follicule qui prêche le relèvement social, je lisais dernièrement ceci : « Parlez d'abolir l'article 340 du Code civil, vous voyez se lever en masse tous les descendants intellectuels de M. Bigot-Préamcneu, depuis le jeune scribe desservant l'autel où rayonnent les tables sacrées du Code napoléon, jusqu'au vieux *prudens*, habitué à tenir ses lunettes et à user son index sur les textes et les commentaires. » Non, le respect pour le Code n'est plus si grand qu'on le croit. Les multiples modifications qu'il a subies depuis 1804 en font foi. La loi n'est pas inique, mais elle étudie les faits sociaux autrement qu'avec des élans du cœur et ne cherche que le possible. Puis les jurisconsultes savent par expérience le peu de valeur des témoignages et comment, s'ils ne sont appuyés par des pièces impersonnelles et sans passion, ils jettent souvent en erreur. Mais l'article 340 peut incontestablement être modifié sur le modèle de l'article 341. Je reconnais que l'argument basé sur l'honneur des familles, pour repousser la recherche du père, est immoral. L'honneur des familles est autant atteint par le déshonneur des filles que des fils. On pourrait proposer une rédaction nouvelle ainsi conçue :

« Art. 340 : La recherche de la paternité est admise. L'enfant qui réclamera son père ne sera admis à faire cette preuve que par pièces écrites, telles que déclarations du père, où lorsqu'il prouvera de même qu'à l'époque de la conception, sa mère n'entretenait de relations avec aucun autre. »

Seulement la recherche de la paternité entraîne avec elle, au cas où la demande de l'enfant est admise, tous les effets de la filiation. L'enfant à qui un père est reconnu est désormais dans la même situation envers lui que s'il était enfant naturel reconnu. En un mot, ce père a sur lui la puissance paternelle et tous les droits qui en découlent. Sera-ce bien utile à l'enfant ? Il me semble qu'un père auquel il aura été imposé de force ne pourra que le haïr. Ce qu'il faut à l'enfant, ce sont des secours alimentaires bien plus qu'un père malgré lui. Le vœu que le congrès pour la protection de l'enfance vota en 1883 est encore le meilleur : « Que la loi permette à la fille-mère de réclamer, pour son enfant, des secours alimentaires à l'homme qui serait prouvé avoir eu des rapports avec elle pendant l'époque de la conception, à moins que celui-ci ne prouve l'inconduite de la femme à la même époque. » Il est vrai que cette preuve sera toujours difficile à faire. Les 40.000 enfants illégitimes qui ne sont pas reconnus chaque année en éprouveront pourtant quelque soulagement. En réclamant davantage, les adversaires de l'article 340 risquent bien, et à juste raison, de voir se renouveler l'échec qui frappa en 1883 la proposition excessive que M. Bérenger présenta sur ce sujet au Sénat.

Les récents réquisitoires contre l'article 340 m'ont souvent rappelé le langage de cette citoyenne de la Révolution. — Un jour la Législative reçut à sa barre une jeune femme, Mme Grandval, qui demanda une loi en faveur des enfants naturels, *au nom de la nature*, ajoutait-elle. Et aux applaudissements des assistants elle prononça ces paroles :

« Je suis mère ; et à ce titre, je viens implorer la justice des législateurs pour une classe infortunée d'hommes que les lois ont jusqu'à présent rejetés insolemment de la société. Des préjugés funestes réduisent les enfants naturels à la plus affreuse solitude ; ils ne tiennent aux familles que par les liens de la nature ; et ces liens ! oh ! honte des lois civiles ! ces liens sacrés sont un opprobre. La tendre mère n'ose presser sur son sein l'enfant que lui donna l'erreur qui lui est chère encore. Quel est donc cet orgueil de l'enfant que donne la loi en opposition avec l'abaissement où l'on réduit l'enfant que donne la nature ? Quelle est la source de cet orgueil barbare ? N'est-ce pas la féodalité ? L'enfant naturel, abandonné de l'univers entier, était, hélas ! une épave que les seigneurs s'appropriaient et qu'ils réduisaient au servage pour lui succéder. La féodalité n'est plus, et le préjudice subsiste encore ; il pèse encore sur cette classe intéressante. C'est à vous, Messieurs, qui régnez sur l'opinion, de laver cette tache originelle. Je viens vous demander une loi qui permette aux mères d'enfants naturels de leur laisser leur succession et qui rendent les enfants naturels *habiles* à recevoir des legs universels. Tirés de l'indigence par cette loi salutaire, les enfants naturels recevront une éducation plus soignée, la patrie acquerra des hommes précieux par leurs lumières et leurs talents. »

Le projet étudié plus haut ne vise dans l'enfant naturel que l'enfant naturel simple. Dans les revendications que je viens de montrer, les enfants incestueux ou adultérins sont laissés le plus souvent de côté. Et cependant leur situation, pour ces derniers surtout qui ne sont pas très rares, est digne d'intérêt. L'article 335 du Code civil interdit formellement qu'on les reconnaisse. Un député, M. Honoré Pontois, a proposé dernièrement que leur reconnaissance fût possible quand leurs parents n'ont pas d'autres enfants légitimes auxquels cette reconnaissance pourrait porter atteinte. Il montre la contradiction de nos lois, le droit criminel ne punissant pas l'inceste, et le droit civil frappant les enfants incestueux. Mais cette réforme, qui vise du reste un nombre de cas heureusement restreint, se heurte à trop de difficultés pour être jamais entièrement réalisée. On doit bien reconnaître que toute société fait souffrir fatalement ceux qui troublent son ordre, même innocents. Le silence sur ce point des partisans de la recherche de la paternité est significatif. Le projet Letellier lui-même continue à n'accorder que des aliments aux enfants incestueux ou adultérins.

Bien supérieurs à tout cela sous les essais d'amélioration de l'Assistance publique. C'est de ce côté, je crois, qu'on réalisera encore les progrès les plus sérieux. Le 18 février 1892, le gouvernement déposait au Sénat un projet de loi sur les enfants assistés conforme aux nécessités actuelles. Il augmente les secours propres à empêcher l'abandon, il donne existence légale aux primes accordées en cas de légitimation, il établit que les enfants pourront être recueillis et assistés jusqu'à leur seizième année, et non plus seulement jusqu'à leur douzième. Une circulaire ministérielle du 21 janvier 1889 a déjà du reste aboli cette limite restrictive qu'une instruction ministérielle du 8 février 1823 avait instituée par économie ; mais cette disposition aurait besoin d'être sanctionnée par la loi. Enfin, et surtout, le service est unifié dans ce projet. Etendant à la province ce que la loi du 10 janvier 1849 avait établi pour Paris, le projet transmet définitivement au préfet la tutelle des enfants abandonnés. La loi du 15 pluviôse an XIII, le décret du 19 janvier 1811, la loi du 5 mai 1869 sont abrogés. Ainsi disparaîtrait cette confusion de pouvoirs entre le préfet, tuteur de fait, et la commission de l'hospice, tutrice de droit, confusion dont l'enfant est seul à souffrir. En perfectionnant l'assistance, en augmentant ses ressources, en assurant le secret absolu aux femmes, on pourra préserver beaucoup d'enfants de la mort.

C'est l'enfance criminelle qui demande les plus grandes modifications. Aucun projet cependant n'a été déposé en ce sens durant la dernière législature. On sent trop bien qu'à la première pierre changée dans l'édifice pénal, il faudra le reconstruire tout entier. Les meilleures réformes ont été proposées, voilà déjà plusieurs années, par M. F. Voisin, dans son rapport à l'Assemblée nationale sur les jeunes détenus, en 1875, et par le congrès de la protection de l'enfance en 1883. Il faut enfin déterminer l'âge minimum avant lequel il est interdit de poursuivre les enfants, manifestement irresponsables. Les poursuites contre des enfants de huit ans sont grotesques, quand elles ne sont pas indignes. L'application de peines correctionnelles ou criminelles devrait être proscrite avant l'âge de douze ans. Mais on ne peut laisser à lui-même l'enfant qui aura commis un délit, ce serait un danger permanent. Si, dans certains cas, la société n'a pas le droit de punir, elle a toujours le droit de se protéger. L'enfant doit être confié par l'autorité à des sociétés de patronage ou placé, s'il a besoin d'une surveillance plus sévère, dans des établissements particuliers dont l'Amérique et l'Angleterre nous ont montré les bienfaits, dans des *maisons de réforme*. Ce sont des colonies dont la grande différence avec nos colonies pénitentiaires est que, tandis que celles-ci sont faites seulement pour réprimer et punir, les maisons de réforme veulent surtout améliorer l'enfant et étouffer chez lui la graine de récidiviste, qui fleurit si bien en France aujourd'hui. L'enfant y est traité selon la manière qui convient à son tempérament particulier, et non comme une parcelle sans âme d'un troupeau. Comme l'agriculture, quoiqu'en disent les créateurs de nos colonies agricoles, n'adoucit pas forcément tous les hommes, la maison de réforme astreint ses élèves aux travaux industriels ou même maritimes, si leurs goûts les y portent. Ainsi que le disait l'article 5 du projet de loi de M. Voisin sur l'éducation et le patronage des jeunes détenus, projet que l'Assemblée nationale n'eut pas même le temps de discuter, on soumettra

les enfants à l'apprentissage, industriel, agricole,
ou maritime « suivant leur origine, leurs antécédents, leurs aptitudes diverses, leur avenir présumable. »

Ce qu'il faut surtout réformer dans le système pénal de l'enfance, c'est l'organisation des établissements pénitentiaires. La limite de seize ans avant laquelle la présomption de non-discernement est acquise à l'enfant doit être maintenue, parce qu'elle correspond suffisamment au développement de la responsabilité. Mais, ce qu'il faut éviter, ce sont les trop courtes peines qui frappent les enfants. La prison correctionnelle a besoin d'être conservée, malgré tous ses défauts, car seule elle peut venir à bout des enfants absolument indisciplinés dont le régime adouci de la maison de réforme ne pourrait triompher. Mais alors, que l'emprisonnement correctionnel dure toujours plusieurs années. On l'a reconnu partout, quelques mois passés en prison ne font qu'irriter l'enfant et lui donner le désir de nouveaux méfaits. L'emprisonnement ayant avant tout un but moralisateur, il ne faut pas que le régime cellulaire soit appliqué aux prisons correctionnelles. Excellent peut-être pour les adultes, il ne peut être que funeste aux enfants. Il serait plus charitable de les supprimer tout de suite, que de les condamner quatre ou cinq ans de suite à une vie solitaire qui abrutit.

Voilà les principales réformes qu'on est en droit de réclamer encore pour l'enfance. Ce qu'il faut surtout désirer, c'est que toutes les lois promulguées en sa faveur soient sérieusement appliquées. « Rien n'énerve plus un pays que d'avoir des lois et de leur désobéir (J. Simon). » La loi du 24 juillet 1889, celle du 23 décembre 1874, chacune dans son genre, sont excellentes. Les quelques perfectionnements qu'elles peuvent appeller sont réalisés par l'administration ou la justice, sans que le législateur ait à intervenir. Mais elles ne produiront tous leurs résultats que si elles sont vraiment respectées.

Et cependant, quelque exigeant qu'on soit, on doit admirer l'œuvre accomplie. Notre siècle, quand ce ne serait que pour l'enfance, n'aura pas été vain. Est-ce encore une fois un motif pour cesser d'améliorer ? Nullement. La justice est comme le dieu des philosophes, un perpétuel devenir ; elle ne se satisfait qu'en progressant. La loi a déjà fait beaucoup pour l'enfant. Elle a encore beaucoup à faire. Mais l'œuvre qui reste à accomplir est plutôt du domaine des particuliers. Dans une société fondée comme la nôtre, au moins en apparence, sur la liberté individuelle, l'État ne peut aller trop avant dans la protection des individus. Toute protection est une main-mise de la collectivité sur le particulier. L'initiative privée doit suppléer aux ressources forcément insuffisantes de l'État, pour les maternités par exemple, ou le repos après les couches, comme la caisse de maternité que J. Dollfus avait fondée dès 1862 à Mulhouse. La loi a posé les règles générales nécessaires au développement normal des enfants. Veillons à ce que ces règles ne soient pas enfreintes. Occupons-nous des cas particuliers. Nous verrons alors diminuer sans cesse les causes de la souffrance humaine. On y trouvera un profit social. On y

trouvera surtout la réalisation d'une plus grande justice, et comme le disait Mercier en son curieux
Tableau de Paris : « Tous les hommes méchants ont
peut-être commencé par être des enfants misérables. »

FIN

BIBLIOGRAPHIE

—

OUVRAGES GÉNÉRAUX

Bonjean. Travaux du Congrès de la protection de l'enfance ; 2 vol. 1884-1886.

Tripier. Les Codes français, 1893.

Duvergier. Collection complète des lois, décrets, ordonnances, règlements et avis du Conseil d'Etat, 93 vol. (1788 à 1893).

Dalloz. Jurisprudence générale ou répertoire méthodique et alphabétique de législation, de doctrine et de jurisprudence. 44 vol. Supplément 10 vol. (1845-1892).

Béquet. Répertoire du droit administratif, 9 vol. 1882-1892.

Les Lois nouvelles. Revue des travaux législatifs, 11 vol. 1882-1893.

Léon Say et Chailley-Bert. Nouveau dictionnaire d'économie politique, 1892.

Statistique générale de la France. Imprimerie nationale 31 vol. 1835-1871. Suivie de la *Statistique annuelle* de 1872 à 1890.

Dénombrement de la population en 1891, Impr. Nation. 1892.

Levasseur. La population française. Histoire de la

population avant 1789 et démographie de la France, comparée à celle des autres nations au XIX° siècle, précédée d'une introduction sur la statistique, 3 vol. 1889, 1891, et 1892.

Fenet. Recueil complet des travaux préparatoires ou Motifs du Code civil ; 15 vol. 1836.

Baudry-Lacantinerie. Précis de droit civil, 3ᵉ édit. 3 vol. 1889.

Statistique pénitentiaire pour l'année 1889. Impr. nation. 1893.

Rapport sur l'administration de la justice criminelle en 1889, Journal officiel, 20 avril 1893.

Rapport sur l'administration de la justice criminelle en 1890. Journal officiel, 29 octobre 1893.

Bulletin de la Société générale des prisons. 16 vol. 1877-1893.

Moreau-Christophe. Code des prisons, ou recueil complet des lois, ordonnances, etc,... concernant les maisons d'arrêt, de justice, etc... de 1673 à 1875, 6 vol.

Rapport sur l'administration de la justice civile et commerciale en 1889. J. O. 6 mai 1893.

Rapport sur l'administration de la justice civile et commerciale en 1890. J. O. 2 janvier 1894.

Union française pour le sauvetage de l'enfance, 2 brochures 1889-1890. Bulletin (10 fascicules) avril 1891-octobre 1893.

Bulletin du Ministère de la Justice.

Bulletin administratif du Ministère de l'Instruction publique.

Vicomte d'Haussonville. L'Enfance à Paris, 1879.

Milès. Nos femmes et nos enfants, 1893.

INTRODUCTION

—

L'ENFANCE EN 1789

Isambert. Recueil général des anciennes lois françaises, depuis 420 jusqu'à la révolution de 1789, 30 vol.

Mirabeau, (*marquis de*) L'Ami des hommes, 1756. Edition nouvelle, 1883.

Mercier. Tableau de Paris, 1782.

Lacroix. Dix-huitième siècle. Lettres, sciences et arts en France de 1700 à 1789. — 1878.

Boiteau. L'état de la France en 1789 — 1861.

Monteil. Histoire des français des divers états, 4e édit. 5 vol. 1833.

Rambaud. Histoire de la civilisation française depuis les origines, jusqu'à la Révolution, 2 vol. 1887.

Olivier. La France avant et pendant la Révolution 1889.

A. des Cilleuls. La population de la France avant 1789. — 1885.

Taine. Les origines de la France contemporaine, 5 volumes. 1879-1894.

Tocqueville. L'Ancien Régime et la Révolution 7° édit. 1866.

Code des nourrices, ou Recueil des déclarations du roi, arrêts du parlement, ordonnances et sentences de police, concernant les nourrices, les recommandaresses, les meneurs et les meneuses. A Paris, de l'imprimerie de Philippe Denys Pierre, imprimeur du roi et de la police, rue Saint-Jacques MDCCLXXXI.

La Rochefoucauld-Liancourt. Travaux du Comité de mendicité. Sept rapports ou projets de loi. Impr. Nation. 1790-1791.

Tenon. Mémoires au roi sur les hôpitaux de Paris, 1788.

Jousse. Traité de la Justice criminelle de France, 4 vol. 1771.

Funck-Brentano. Les lettres de cachet. (Revue des Deux-Mondes, 15 octobre 1892).

Babeau. Les artisans et les domestiques d'autrefois, 1886.

— Le village sous l'ancien régime, 3° édition.

— La ville sous l'ancien régime, 2° édition.

Allain (abbé). L'instruction primaire en France avant la Révolution. 1881.

— La question d'enseignement en 1789. — 1886.

Jacques Savary des Bruslons. Dictionnaire du commerce, 1741.

Monteil. Histoire de l'industrie en France, 2 vol. 1872.

Levasseur. Histoire des classes ouvrières en France jusqu'à la Révolution, 2 vol. 1859.

— La France industrielle en 1789. — 1865.

A. Duruy. L'armée royale en 1789. — 1888.

LA FAMILLE

CHAPITRE Ier

Rapport sur le projet de loi Roussel, J. O. 1874, p. 5250.

Rapport sur l'inspection des enfants du premier âge dans la Seine en 1890. Imp. nat. 1891.

CHAPITRE II

Leloir. Code de la puissance paternelle, 2 vol. 1892.

CHAPITRE III

Bucquet. Enquête sur les bureaux de bienfaisance, 1874.

G. Michel. Bureaux de bienfaisance et secours à domicile à Paris. *Economiste français* 8 et 29 avril 1893.

Marbeau. Des crèches, 7e édition, 1873.

CHAPITRE IV

Tallon. Rapport sur le projet de loi concernant les enfants employés dans les professions ambulantes J. O. 1874. p. 2512.

Paulian. Paris qui mendie, 1893.

Dʳ Petit. Les crimes contre l'enfant. Société Nationale des conférences populaires. Bulletin n° 23-1893.

Cornilliat. Les petits ramoneurs. Bulletin de l'*Union française*, n° 9,1893.

Dʳ Després. La prostitution en France. 1883.

Dʳ Corlier. La prostitution à Paris, 1887.

Bernard. Histoire de l'autorité paternelle en France, 1804.

Fuzier-Hermann. De la protection légale des enfants contre les abus de la puissance paternelle, 1878.

Lallemand. Notice sur la loi du 24 juillet 1889.— 1890

Brueyre. De la loi du 24 juillet 1889 et de son application. Rapport adressé au Comité de défense des enfants traduits en justice, 1891.

Nillus. La déchéance de la puissance paternelle et la protection des mineurs, 1891.

CHAPITRE V

Monnier. Histoire de l'Assistance publique dans les temps anciens et modernes. 1866.

Recueil des lois, ordonnances et décrets applicables à

l'Administration générale de l'Assistance publique à Paris, 1887.

Recueil des arrêtés, instructions et circulaires réglementaires concernant l'Administration générale de l'Assistance publique à Paris, 1888.

Béquet. Régime et législation de l'Assistance publique et privée en France, 1885.

Sémichon. Histoire des enfants abandonnés, 1880.

Lallemand. Histoire des enfants abandonnés et délaissés, 1885.

Laurent. L'état actuel de la question des enfants assistés, 1876.

Roussel. Documents de la commission relative à la protection de l'enfance. (Sénat, session 1882), 3 vol. 1882-1883.

Gerville-Réache. Rapport sur le projet de loi en faveur des enfants abandonnés. J. O. 1884. Ch. ann. p. 861.

Rapport sur le service des enfants assistés de la Seine pour 1892. — 1893.

Rapport sur le service des enfants maltraités ou moralement abandonnés de la Seine pendant 1892. — 1893.

CHAPITRE VI

Garraud. Précis de droit criminel, 4° édit. 1893.

O. du Mesnil. Les jeunes détenus à la Roquette et dans les colonies agricoles, 1866.

V° d'Haussonville. Les établissements pénitentiaires en France et aux colonies. 1875.

Voisin. Rapport relatif à l'éducation et au patronage des jeunes détenus, 1876.

Rollet. Les enfants en prison, 1892.

Flandin. Exposé de la procédure actuellement suivie dans le département de la Seine en ce qui concerne les mineurs au-dessous de 16 ans arrêtés ou traduits en justice, 1891.

L'ÉCOLE

CHAPITRE Iᵉʳ

Jules Simon. L'école, 8ᵉ édit. 1874.

Hippeau. L'instruction publique en France, pendant la Révolution. 2 vol. 1881-1883.

Taine. La reconstruction de la France en 1800. — Revue des Deux-Mondes, 15 mai, 1ᵉʳ juin et 15 juin 1892.

H. de Riancey. Histoire de l'enseignement en France, 2 vol. 1844.

Lebon. Histoire de l'enseignement populaire, 3ᵉ édit. 1874.

A. de Malarce. Histoire des salles d'asile et des asiles-ouvroirs. 1855.

Durand. La législation des écoles maternelles et des écoles primaires. 1882.

Simonet. Loi du 28 mars 1882 sur l'enseignement primaire, obligatoire et laïque. Analyse et explication. Résumé méthodique et critique des débats législatifs, circulaires ministérielles. 2ᵉ édition 1882.

Gréard. La législation de l'instruction primaire en France, depuis 1789 jusqu'à nos jours. Recueil de lois,

décrets, ordonnances, etc... 2ᵉ édit. 3 vol. 1889-1892.
Statistique de l'enseignement primaire en 1887. (Imp. Nat. 1889.).

CHAPITRES II et III

Paulet. L'Enseignement primaire professionnel, 1889.
Truan. Les écoles de commerce, 8ᵉ édit. 1879.

L'ATELIER

CHAPITRE Iᵉʳ

Constant. Petit code manuel de l'apprenti et du patron. 1885.

Hayem et Périn. Traité du contrat d'apprentissage. Commentaire de la loi du 22 février-4 mars 1851, précédé d'une introduction historique sur le travail et l'apprentissage. 1878.

CHAPITRE II.

Cohendy. Recueil des lois industrielles. 1892.

Dufourmantelle. Code manuel de droit industriel. 1892.

Chaptal. De l'industrie française. 2 vol. 1819.

Levasseur. Histoire des classes ouvrières en France depuis 1789. 2 vol. 1867.

Villermé. Tableau de l'état physique et moral des ouvriers employés dans les manufactures de coton, de laine et de soie, 2 vol. 1840.

Karl Marx. Le Capital. Traduction Roy. 1878.

J. Simon. L'ouvrier de huit ans. 2ᵉ édit. 1867.

Robiquet. Etude sur la loi du 19 mai 1874. Revue générale du droit, de la législation et de la jurisprudence en France et à l'étranger. T. I. (1877), p. 154 et 282.

Nusse et Périn. Commentaire de la loi du 19 Mai 1874. — 1878.

Tallon. Manuel pratique et commentaire de la loi du 19 mai 1874. 3ᵉ édition, 1884.

Bouquet. Le travail des enfants et des filles mineures dans l'industrie. 1885.

Duval-Arnoult. Essai sur la législation française du travail des enfants. 1888.

Waddington. Rapports sur les projets modifiant la loi du 19 mai 1874. — J. O. 1880. Ch. ann. p. 7166. — J. O. 1888. Ch. ann. p. 656. — J. O. 1889-90. Ch. ann. p. 1082.

Rapport de la Commission supérieure du travail dans l'industrie sur l'exécution de la loi du 19 mai 1874. J. O. 1891. Ch. ann. p. 3825.

CONCLUSION

'

Brousse. Projet de loi pour la protection des femmes enceintes et accouchées. J. O. 1892, Ch. ann. Nº 2027. p. 724.

H. de Lacretelle. Proposition d'asiles paur en'ants nouveau-nés. J. O. 1891. Ch. ann. p. 1326.

Projet de loi, présenté par le gouvernement en faveur des enfants' assistés. J. O. 1892. Sénat, 18 février 1892.

Conseil supérieur de l'Assistance publique. Projet de loi sur l'Assistance maternelle. Session de juin 1892.

Couturier. Projet de loi sur la modification du système successoral. J. O. 1884. Ch. ann. 2753.

Pontois. Projet de loi sur la répression de l'inceste et la situation des enfants incestueux. J. O. 1891, Ch. ann. nº 1414, p. 1241.

Rameau. Rapport sur le projet de loi sur la modification du système successoral. J. O. 1884. Ch. ann. 3160.

Letellier, Rivet, Jullien. Projet de loi relatif aux droits des enfants naturels dans la succession de leurs père et mère, J. O. Ch. 1888.

Lacroix. Du rétablissement des tours. 1879.

Alexandre Dumas fils. La recherche de la paternité. Lettre à M. Rivet, député. 1883.

Rivet. La recherche de la paternité.

Sabatier. Rapport sur la recherche de la paternité. Travaux du congrès protestant du Havre, 1893.

FIN

TABLE DES MATIÈRES

DEUXIÈME PARTIE

L'ÉCOLE

TROISIÈME PARTIE

L'ATELIER

CONCLUSION

Saint-Amand (Cher). Imp. DESTENAY, Bussière frères.

www.ingramcontent.com/pod-product-compliance
Ingram Content Group UK Ltd.
Pitfield, Milton Keynes, MK11 3LW, UK
UKHW021016140726
13695UKWH00001B/288